왕왕!
영단어

저자 나카타 타츠야, 미즈모토 아츠시

랭기지플러스

「왕왕! 영단어」 사용법

품사와 단어 뜻
각 단어의 품사는 명 (명사) 통 (동사) 형 (형용사)와 같은 같은 색깔별 마크로 표시했습니다. 또 단어 뜻은 '핵심'적인 중요한 것으로 선별하였습니다.

장 제목
뒤에 갈수록 단어가 어려워집니다.

표제어
대학 입시나 TOEIC, TOEFL에 자주 출제되는 846개의 단어를 수록하였습니다.

※ 이 책은 미국식 스펠링을 기준으로 하고 있는데, 미국식과 영국식 스펠링이 상이한 단어들은 영국식 스펠링도 (영) 마크로 표시했습니다.

제2장 낮잠을 자면서 외우는 영단어

seem [síːm]
- 통 ~처럼 보이다, ~인 것 같다, ~라고 생각되다 (to do, that)
- 유 look, appear 통 ~처럼 보이다
- 🦴 A seem(s) to do
  = It seems (that) A do
  A가 ~하는 것처럼 보이다

author [ɔ́ːθər]
- 명 저자, 작가

recent [ríːsnt]
- 형 최근의, 요즘의
- 파 recently 부 최근, 요즘

🐕 주로 명사 앞에 쓴다.

revolution [rèvəlúːʃən]
- 명 ① 혁명 ② 회전, 공전(公轉)
- 파 revolve 통 회전하다, ~를 회전시키다
  revolutionary 획기적인, 혁명적인
- 🦴 the French Revolution 프랑스 혁명

'지금까지의 상황을 회전시키다(revolve)'에서 revolution은 '혁명'이라고 기억합시다.

publish [pʌ́bliʃ]
- 통 ① ~를 출판하다, 발행하다
  ② ~를 공표하다
- 파 publication 명 출판(물)

유익한 정보
단어를 외우는 데 조심해야 될 발음이나 동사 활용형, 암기를 위한 tip 등을 모았습니다. 여러분의 지식을 더 실용적으로 만들어 주는 힌트가 가득 차 있습니다.

관련어
- 반 반의어: 표제어와 반대 혹은 대조되는 뜻을 가진 단어
- 유 유의어: 표제어와 유사한 뜻을 가진 단어
- 동 동음어: 발음이 같지만 뜻과 스펠링이 다른 단어
- 파 파생어: 접사(接辭) 등이 붙여서 형태나 뜻이 변화된 단어
- 🦴 표제어를 포함한 주요한 표현

단, 표제어 자체가 다른 단어의 파생어인 경우 그 원래 단어를 파생어로 표시하고 있습니다.

왕! 재미있는 예문과 해석

귀여운 강아지들이 대거 등장하는 이 왕! 재미있는 예문을 읽으면 여러분도 강아지의 기분을 느낄 수 있지 않을까요!? 본문에서 표제어(색깔 표시)가 어떻게 사용되는지 잘 주목하면서 읽어 봅시다.

Shaking hands with humans
is much more difficult than it seems.
사람들과 악수하는 것은 보기보다 훨씬 더 어려워요.

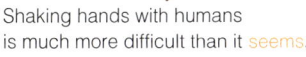

강아지 사진들

귀여운 강아지들의 모습을 모았습니다! 단어나 예문의 이미지를 확장하여 기억하는 것을 도와줍니다.

The author's most recent book,
"The Dog Revolution,"
was published last week.
그 저자의 최신간인 '개의 혁명'이 지난주에 출간되었다.

왕! 포인트 레슨

학습 포인트

단어를 기억하는 데 유익한 학습 방법 소개

어원으로 분해해 보면 쉽게 외워지는 단어를 소개

개와 관련된 영어 표현

'개'에 관련된 숙어나 어구를 소개

개가 나오는 속담

'개'를 언급한 격언이나 속담을 소개

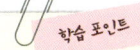

어휘력 강화 학습법

이 책의 본문에도 소개하고 있지만 단어를 학습할 때 보다 효율적인 암기 방법이 몇 가지가 있습니다. 다만 명심해야 할 것은 그런 방법이 사람에 따라, 그리고 같은 사람이라도 학습단계에 따라 달라진다는 것입니다. 이것을 모르면 시험에서 높은 점수를 얻는 사람은 마법과 같은 방법으로 공부하고 있을 것이라고 생각하게 되지만, 사실 높은 점수를 얻는 사람은 자신의 단계에 맞게 여러 가지 암기 방법을 함께 사용하고 있습니다.

왕! 재미있는 영단어 학습법

1. 어원 학습법

「어원 학습법」이란 '단어를 분해한 후 각 부분의 뜻을 결합해서 단어 전체의 뜻을 추측하는 방법'입니다. 'income'이라는 단어를 예로 들자면,

> in(안으로) + come(오다) → '안으로 들어오는 것' → 수입

이렇게 됩니다. 이렇게 하면 그냥 '수입'이라고 기억하는 것보다 훨씬 많은 이미지가 떠오를 것입니다.
영어에는 income처럼 어원으로 분해해보면 쉽게 외워지는 단어가 많이 있습니다. 여기서 그 중 몇 개를 소개합니다!

pre / pro 먼저, 앞으로

- predict → pre(먼저) + dict(말하다) → 미리 말하다 → 예언하다
  * dictionary(사전)는 말을 모은 것.
- prejudice → pre(전에) + judice(판단하다) → 미리 판단하다 → 선입견, 편견
  * prejudice의 judice는 judge(판단하다)가 변화된 것.
- progress → pro(앞으로) + gress(나아가다) → 전진

sist / stance 서다

- insist → in(위에) + sist(서다) → 위에 서서 물러서지 않다 → ~를 강경히 주장하다
- resist → re(거스르다) + sist(서다) → ~에 저항하다
- distance → di(떨어져서) + stance(서다) → 떨어져 서다 → 거리
- consist → con(함께) + sist(서다) → 다른 것과 함께 서다 → ~으로 구성되다

assistant(어시스턴트)는
as(옆에) + sist(서다) + ant(사람) → 옆에서 보조하는 사람

pect / spect 보다

- expect → ex(밖) + pect(보다) → 무언가 찾아서 밖을 보다 → 기대하다
- respect → re(뒤) + spect(보다) → 뒤돌아보다 → 존경하다
  (돌아보고 보고 싶은 사람은 존경하는 사람)
- suspect → sus(아래) + spect(보다) → 의심스러우니 위에서만이 아니라 아래에서도 보다 → 의심하다

빛과 소리의 장대한 스펙터클(spectacle)은,
'볼거리' → '광경, 쇼'라는 뜻.

motion / mote 움직이다

- emotion → e(밖으로) + motion(움직이다) → 마음을 밖으로 드러내다 → 감정
- promote → pro(앞으로) + mote(움직이다) → 앞으로 움직이다
  → ~를 촉진하다, ~를 승진시키다
- remove → re(다시) + move(움직이다) → 두고 있던 것을 다시 움직이다
  → ~를 치우다, ~를 벗다

mobile(모바일, 이동 가능한)도 원래 '움직이다'라는 뜻.

어원으로 외울 수 있는 단어는 더 많이 있다!

❶ discover는 dis(떨어져서) + cover(덮다)이므로 '무언가에 덮여 있던 덮개를 벗기다'에서 '발견하다'라는 뜻이 됩니다. recover는 반대로 re(다시) + cover(덮다) → '다시 덮다'이므로 '회복하다, 만회하다'라는 뜻이 됩니다.

❷ gene(유전자)의 gen은 '낳다'라는 의미입니다. genius는 타고난 '천재', generation은 '태어난 것'이므로 '세대'라는 뜻입니다. generous는 '고귀한 출신의 사람'이므로 '관대한, 후한'이라는 뜻이 됩니다.

❸ disaster는 dis(떨어져서) + aster(별)이므로 '행운의 별에서 멀어지다' 즉, '재난'이라는 뜻입니다. distinguish는 di(떨어져서) + sting(찌르다) + uish → '찔러서 다른 것과 구별하다'이므로 '구별하다'라는 뜻이 됩니다. distinct(현저한), distinction(구별)도 같은 어원에서 유래된 단어입니다.

*aster = 별 : astronaut(우주비행사)

어원으로 영단어를 배우는데 유익한 것으로 다음과 같은 것들이 있습니다. 조금씩 기억해 나갑시다.

접두어로 쓰이는 어원

	어원의 의미	단어
con	① 더불어 ② 완전히	consist(구성하다)
di / dis	떨어져서	distance(거리)
e / ex	밖으로	export(수출하다), exit(출구)
in / im	① 안으로 ② 위에	import(수입하다)
re	① 다시 ② 거슬러	resist(저항하다)
sub / sus	밑에	suburb(교외)

접두어 외에 쓰이는 어원

	어원의 의미	단어
dict	말하다	predict(예언하다)
duc / duct	이끌다	conduct(인도하다), educate(교육하다), produce(산출하다)
grad / gress	걷다, 계단	gradually(서서히), progress(진보)
port	나르다	import(수입하다), export(수출하다), transport(운반하다)
pose	두다	propose(제안하다), expose(드러내다)

2. 단어를 기억하는 테크닉

■ 외래어로 단어를 기억하자!

최근 한국어로 흔히 듣게 된 외래어. 그것들도 원래 영어인 경우가 많습니다. 그런 외래어를 이용해서 즐겁게 영단어를 외워봅시다. 이제까지 무심코 쓰던 말 중에 영단어 학습의 힌트가 있을지도 모릅니다.

보기

- 컨트롤러(controller)는 게임의 주인공을 제어하기 위한 것 → control=제어하다
- 테마 파크(theme park)는 특정한 주제로 꾸며진 공원 → theme=주제
- 커피 플로트(coffee float)는 커피 위에 아이스크림이 떠 있는 것 → float=뜨다
- 엘리베이터(elevator)는 들어 올리는 것 → elevate=올리다
- 테니스의 폴트(fault)는 서브 실수 → fault=오류, 과실, 결점
- 트레이싱 페이퍼(tracing paper)는 지도나 그림 등을 베낄 때 쓰는 투사지(透寫紙)
  → trace=흔적, 흔적을 추적하다
- 인터넷 익스플로러(Internet Explore)는 넷 공간을 탐험하는 도구
  → explore=탐험하다

■ 유사한 스펠링·발음을 가진 단어를 묶어서 기억하자!

스펠링이나 발음이 비슷한 단어들은 혼동하기 쉽습니다. 그러나 차이점을 확실하게 구별해서 한꺼번에 기억하면 더 이상 비슷한 단어들을 헷갈리지 않을 겁니다.

보기

- adopt(채용하다) ↔ adapt(적응시키다)
- affect(영향을 끼치다) ↔ effect(영향)
- lie-lay-lain(눕다) ↔ lay-laid-laid(눕히다, 두다) ↔ lie-lied-lied(거짓말을 하다)
- laboratory(연구소) ↔ lavatory(화장실)
- particular(특정한) ↔ peculiar(기묘한, 이상한)
- principle(원리, 원칙) ↔ principal(주요한, 학장)
- industrial(산업적인) ↔ industrious(근면한)

- imaginable(상상 가능한) ↔ imaginative(상상력이 풍부한) ↔ imaginary(상상 속의)
- literary(문학의) ↔ literal(문자 그대로의)
- respectable(훌륭한) ↔ respective(각각의)
- sensible(분별 있는) ↔ sensitive(민감한)
- successful(성공한) ↔ successive(계속되는)

■ 다른 유의어와 차이를 잘 정리하여 머릿속을 깨끗하게!

유사한 뜻을 가진 단어들이 많이 나타나면 "이것과 그것이 어떻게 다른가?"라고 헷갈리지요. 따라서 단어를 기억할 때는 비슷한 단어와의 차이를 잘 확인하면서 한꺼번에 기억하세요!

보기

- climate(일 년을 통한 기후), weather(특정한 날의 날씨)
- rent, hire(돈을 주고 빌리다, 예: rental video), borrow(돈을 안 내고 일시적으로 빌리다)
- rise(오르다), raise(올리다)
- allow(허가하다), admit(입학, 입장을 인정하다)
- suit(잘 어울리다), fit(사이즈가 맞다)
- customer(상점의 고객), visitor(호텔 등의 고객), client(비즈니스의 상대방)
- write(글씨를 쓰다), draw(그림을 그리다)

■ 관련된 분야의 단어들을 묶어서 기억하자!

관련된 분야의 단어들을 묶어서 머릿속에 '단어의 네트워크'를 만듭시다. 이렇게 하면 긴 영문을 읽을 때나 영작문을 할 때에도 그 주제와 관련된 단어가 잇따라 떠오르게 됩니다.

보기

- environment(환경) – global warming(지구 온난화) – preserve(보호하다)
- district(지구, 구역) – suburb(교외) – neighbor(근처) – community(공동체)
- ancient(고대의) – modern(현대의) – era(시대) – contemporary(동시대의)
- establish(설립하다) – firm(회사) – profit(이익) – wealth(부)
- agriculture(농업) – harvest(수확) – soil(토양) – cultivate(경작하다)
- investigate(조사하다) – incident(사건) – crime(범죄) – solve(풀다, 해결하다)

■ 관련어로 효율적인 어휘력 증진!

한 단어를 외울 때 파생어(派生語: 어형 변화에 따라 뜻이나 품사가 바뀐 단어들)나 유의어(비슷한 뜻을 가진 단어)도 한꺼번에 기억해서 단어 암기력을 증가시킵시다!

보기

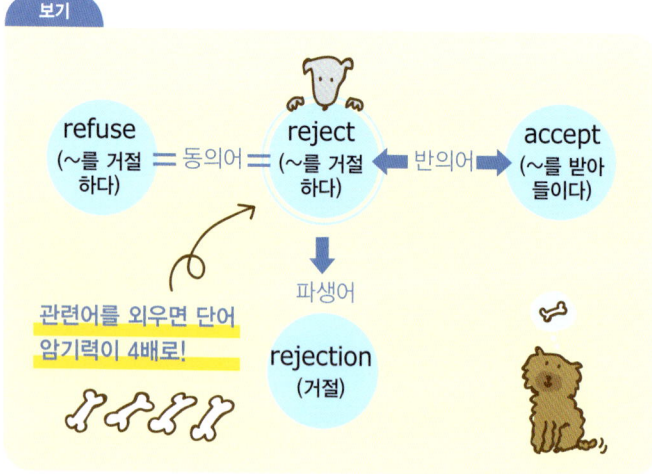

■ **단어의 중심적인 의미를 파악하자!**

한 단어에 많은 뜻이 있으면 "모두 외우는 게 힘들어…"라고 생각하지 않나요? 그러나 많은 뜻을 가진 단어라도 그 중 중심적인 것 하나만 파악하면 그 이외 다른 뜻들도 추측할 수 있을 때가 많습니다.

예를 들면 exhaust에는 '① 다 써 버리다, 소진하다 ② 기진맥진하게 만들다'라는 두 가지 뜻이 있는데 중심적인 뜻은 '다 써 버리다'입니다. 따라서 "I'm exhausted."를 '에너지가 소진되다'라고 생각하면 수동태로 '기진맥진하다'라는 뜻인 것을 추측할 수 있습니다. 이처럼 제시된 뜻을 그대로 외우려고 하지 말고 그 각각의 뜻에 공통된 이미지를 찾아내도록 합시다.

보기

- **affair** 「① 문제 ② 사정, 정세 ③ 사건」 → 「일」
- **stress** 「① 압력 ② 긴장, 스트레스 ③ 강조 ④ ~를 강조하다 ⑤ 긴장시키다」 → 「무게가 덮치다」
- **interfere** 「① 방해하다, 간섭하다(with) ② 중재하다」 → 「사이에 끼어들다」

■ **매일 조금씩이라도 정기적으로 학습하자!**

한 번 외었다고 생각해도 시간이 지나면 기억은 희미해지기 마련입니다. 또 60분의 학습을 일주일에 한 번 하는 것보다 10분의 학습을 매일 하는 편이 효과적이라고 합니다. 적은 노력으로 장기간 기억을 유지하기 위해서는 '다음 날 → 일주일 후 → 이주 후 → 4주 후'처럼 횟수를 거듭할수록 복습 간격을 조금씩 늘리는 것이 비결입니다. 언제나 '왕왕! 영단어'를 휴대하고 쉬는 시간이나 전철 안에서 등 시간이 날 때마다 조금씩 공부합시다.

■ **순서를 바꿔 출제하자!**

교과서나 단어장으로 외운 단어도 실제 시험 때가 되면 뜻을 떠올리지 못하는 경우가 있지요. 이것은 책 안에서는 그 단어 주변에 있는 다른 단어나, 그 단어의 위치 들이 힌트가 되어 기억을 보조하고 있기 때문입니다. 그러한 힌트 없이 단어를 떠올리기 위해서는 단어 카드를 만들어 순서를 바꿔 실제로 기억했는지 확인하면 효과적입니다.

■ **영어 → 한국어, 한국어 → 영어 양 방향으로 공부하자!**

영어를 보고 한국어로 뜻을 떠올릴 수 있게 되면 다음은 한국어에서 영어를 상기할 수 있는지 생각해 보세요. 이렇게 함으로써 그 단어에 관한 기억이 더욱 선명해집니다.

차 례

「왕왕! 영단어」 사용법 ·········· **2**
왕! 재미있는 영단어 학습법 ·········· **4**

1장
왕! 초보도 알아야 할 기본 영단어 ·········· **11**
애견가를 위한 명언 ·········· **120**

Part 1

2장
낮잠을 자면서 외우는 영단어 ·········· **121**
애견가를 위한 명언 ·········· **190**

Part 2

3장
산책면서 외우는 영단어 ·········· **191**
애견가를 위한 명언 ·········· **272**

Part 3

4장
밥을 기다리면서 외우는 영단어 ·········· **273**

색인 ·········· **336**

제1장

왕! 초보도 알아야 할
기본 영단어

주인님의 해외 근무
우리 가족도 세계로
진출합니다!!

영어만 쓰다 보니
개 말을 잊어 버렸네...

제1장 왕! 초보도 알아야 할 기본 영단어

MP3 1-01

bow
명① 동 [báu]
명② [bóu]

명 ① 고개 숙여 하는 절[인사] ② 활
동 고개를 숙여 절[인사]하다

발음 차이에 주의!

elementary
[eliméntəri]

형 기본적인, 초보의
파〉 element 명 요소, 원소
an elementary school   초등학교, 소학교

challenge
[tʃǽlindʒ]

명 도전
동 (사람)에 도전하다
파〉 challenging 형 보람이 있는
challenger   도전자

contact
[kɑ́ntækt]

명 접촉
동 ~와 연락하다
in contact with ~   ~와 연락해서

talent
[tǽlənt]

명 ① 재능, 소질 ② 재능이 있는 사람(들)
파〉 talented 형 재능이 있는
유〉 gift 명 천분, 타고난 재능

I consider bowing to be quite an elementary trick.
저는 인사하는 것쯤은 기본적인 개인기라고 생각해요.

사람들은 저를 연예견(演藝犬)의 대부라고 부르죠.

편식하지 말고 이 고양이 사료 좀 먹어 봐!

He challenged me to eat the cat food.
그는 나에게 고양이 사료를 먹어보라고 했다.

난 개란 말이야...

The dog has a special talent for finding lost contact lenses.
그 개는 잃어버린 콘택트렌즈를 찾아내는 남다른 재주가 있다.

렌즈를 찾으려고 안경을 새로 샀어요!

제1장 왕! 초보도 알아야 할 기본 영단어

MP3 1-02

degree
[digríː]

명 ① 정도 ② (온도 등의) 도 ③ 학위
- by degrees 서서히
- to some degree 어느 정도까지

강세 주의!

elderly
[éldərli]

형 중년의, 초로기의
- 반> young 형 젊은
- 유> old, aged 형 나이 든
- elderly people 노인들

match
[mætʃ]

동 ① ~와 조화되다 ② ~에 필적하다
명 ① 시합 ② 경쟁 상대, 필적하는 것

'(사물과 사물이) 조화를 이루다, 어울리다'라고 할 때 써요.

remove
[rimúːv]

동 ~를 빼내다, 벗다
- 파> removal 명 제거
- remove A from B A를 B에서 제거하다

The dog is running outside although the temperature has reached minus 20 degrees Celsius.

기온이 영하 20도에 달했지만 그 개는 밖에서 뛰어다니고 있다.

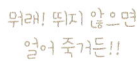

I like keeping elderly people company.

저는 어르신들과 함께 있는 것이 좋아요.

I hate this collar because it doesn't match my shoes!

나는 이 목걸이가 싫어. 내 신발이랑 안 어울리잖아!

Can you show me how to remove wine stains from the carpet, please?

저에게 카펫에서 와인 얼룩을 제거하는 방법을 가르쳐 주시겠어요?

제1장 왕! 초보도 알아야 할 기본 영단어

MP3 1-03

rule
[rúːl]
- 명 규칙, 룰
- 동 ~를 지배하다
  - 파> ruler 명 지배자, 자
  - as a rule 대체로
  - make it a rule to do ~하기로 하고 있다

garbage
[gáːrbidʒ]
- 명 쓰레기, 음식물 쓰레기
  - 유> rubbish 명 쓰레기

발음 주의!

bend
[bénd]
- 동 ① 구부리다, 굽히다 ② 구부러지다, 굽다
- 명 굴곡, 굽히는 일

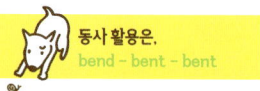
동사 활용은,
bend - bent - bent

sink
[síŋk]
- 동 가라앉다
- 명 싱크대

동사 활용은,
sink - sank[sunk] - sunk

supply
[səplái]
- 동 ~를 공급하다, 주다
- 명 공급
  - 반> demand 명 수요
- 동 ~를 요구하다
  - supply A with B = supply B for[to] A
    A에게 B를 공급하다

belong
[bilɔ́(ː)ŋ]
- 동 ~에 속하다, ~의 소유물이다 (to)
  - 파> belongings
- 명 〈복수 취급〉 재산, 소지품
  - belong to ~ ~에 소속[귀속]하다

I make it a rule not to sniff the garbage can. But sometimes I'm tempted to bend the rule.
저는 쓰레기통에 코를 대고 킁킁거리지 않기로 했어요. 하지만 가끔은 그 원칙을 어기고 싶은 유혹에 빠진답니다.

자꾸 생각이 나서 결국은 쓰레기통을 침대 삼기로 했지 뭐예요 ♥

내 인기에 샘이 난 흰둥이 녀석의 소행이 틀림없어.

The video of the cat stuck in a sink spread rapidly on the Internet.
싱크대에 낀 고양이 동영상은 순식간에 인터넷에 퍼졌다.

Although the demand for high class dog food is still strong, there is not enough supply.
고급 개 사료는 수요가 여전히 많지만 공급이 충분하지 않다.

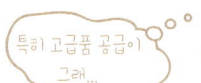

특히 고급품 공급이 그래...

That bone belongs to me.
저 뼈다귀는 제 거예요.

아~ 뼈가 입안에서 살살 녹네요~

chemical
[kémikl]

- 형 화학의, 화학적인
- 명 [보통 ~s] 화학 약품
  - 파 chemistry 명 화학
  - chemist 명 화학자
  - chemical change 화학 변화

conversation
[kɑnvərséiʃən]

- 명 회화, 대화
  - have a conversation with ~
  - ~와 대화하다

discuss
[diskʌ́s]

- 통 ~에 대해 논의하다, ~를 토론하다
  - 파 discussion 명 토론

타동사니까 뒤에 전치사는 필요 없음.

goal
[goul]

- 명 목적(지), 골, 목표
  - 유 aim, purpose 명 목표
  - reach a goal 목표를 달성하다

발음 주의!

custom
[kʌ́stəm]

- 명 ① 습관, 관습 ② [~s] 관세, 세관
  - 파 customary 형 관습적인, 통례의

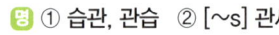
복수형 customs는 '세관, 관세'라는 뜻이 되는 것에 주의.

These vegetables were grown without any agricultural chemicals.
I can taste the difference!
이 채소들은 농약을 하나도 안 쓰고 재배했어요.
전 그 맛의 차이를 알 수 있답니다!

There's no use trying to have a conversation with wolves.
늑대들과는 대화하려고 애써 봐야 소용없다.

We need to discuss how we'll be splitting this chocolate.
우리는 이 초콜릿을 어떻게 나눌지 토론해야 합니다.

My long-term career goal is to become a sniffer dog at customs.
제 장기적인 직업 목표는 세관의 마약 탐지견이 되는 것입니다.

limit
[límit]

- 명 제한, 한도
- 동 ~을 제한하다, 한정하다
  - 파> limitation 명 제한
  - within limits   어느 한도 안에서
  - limit A to B   A를 B(수·양)로 제한하다

medical
[médikl]

- 형 의학의, 의료의
  - 파> medicine 명 약, 의학
  - medical science   의학

original
[ərídʒənl]

- 형 ① 독창적인 ② 최초의
- 명 원형, 원물
  - 파> origin 명 기원
  - originality 명 독창성
  - originally 부 원래는
  - originate 동 발생하다, 일어나다

강세 주의!

pleasure
[pléʒər]

- 명 즐거움, 기쁨
  - 파> pleasant 형 즐거운
  - please 동 ~을 기쁘게 하다
  - 유> joy 명 기쁨
  - for pleasure   재미로
  - with pleasure   기꺼이

professional
[prəféʃənl]

- 형 직업의, 프로의, 전문의
- 명 전문가
  - 반> amateur 명 아마추어
  - a professional baseball player
    프로 야구 선수

Because of my medical condition, I had no option but to limit the number of cookies to two.
건강 상태가 안 좋아서 쿠키의 수를 두 개까지로 제한할 수밖에 없었어요.

This dog reads Shakespeare in the original form.
이 개는 셰익스피어 작품을 원문으로 읽는다.

Nothing would give me more pleasure than another bowl of dog food.
사료 한 그릇만 더 주신다면 그보다 더 기쁠 수는 없을 텐데.

At what age did you become a professional drug-sniffing dog?
너는 몇 살에 전문 마약 탐지견이 되었니?

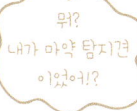

prove
[prúːv]

- 통 ① ~를 증명하다
  ② ~인 것으로 판명되다
- 파 proof 명 증거
- prove to be ~ ~인 것으로 알다

spread
[spréd]

- 통 ① ~를 넓히다, 퍼지다 ② 바르다
- spread A on B A를 B 위에 펼치다

활용은,
spread - spread - spread

suffer
[sʌ́fər]

- 통 ① 시달리다 (from)
  ② 고통을 겪다
- 파 suffering 명 고통
- suffer from ~ ~에 시달리다

tear
- 통 [téər]
- 명 [tíər]

- 통 ~를 찢다, 뜯다
- 명 눈물
- tear up ~ ~를 찢어내다
- burst into tears 눈물을 터뜨리다

unusual
[ʌnjúːʒuəl]

- 형 보통이 아닌, 이상한, 드문
- 반 usual 형 보통의, 평소의
- It is unusual for A to do
  A가 ~하는 것은 드물다

Am I grounded now?
What happened to the principle of innocent until proven guilty?

제가 지금 외출금지라고요?
'유죄의 판결이 확정될 때까지는 무죄'라는 원칙은 어떻게 된 거예요?

Can you spread butter on my bone, please?

제 뼈다귀에 버터를 발라 주시겠어요?

Like humans, some dogs suffer from backaches.

인간처럼, 요통에 시달리는 개도 있습니다.

I was almost in tears when I said good bye to Tama.

타마에게 작별인사를 할 때 울 뻔했어요.

It is not unusual for dogs to build friendships with cats.

개와 고양이가 친하게 지내는 게 그리 희귀한 사례는 아니예요.

athlete
[ǽθliːt]

명 스포츠맨, 운동선수
파 athletic 형 운동 경기의

 강세 주의!

cross
[krɔ́(ː)s]

동 ① ~를 횡단하다, 가로지르다 ② ~를 교차시키다
명 ① 십자형 ② 십자가
파 crossing 명 교차로
cross one's mind
~의 마음에 (생각 등이) 떠오르다

crowd
[kráud]

명 군집, 인파
동 ~에 운집하다
파 crowded 형 혼잡한
a crowd of ~ 다수의 ~

 발음 주의!

trust
[trʌ́st]

명 신용, 신뢰
동 ~을 신용하다
trust A to do A가 ~할 것이라고 신뢰하다

desert
명 [dézərt]
동 [dizə́ːrt]

명 사막
동 (사람·책임 등)을 버리다, 방치하다, 도망가다

 강세 주의!
dessert(후식)는 발음은 같은데, 스펠링이 다르다.

The dog trains with the athlete.
그 개는 그 운동선수와 함께 훈련을 한다.

It never crossed my mind that the dog was engaged.
그 개가 약혼했다고는 꿈에도 생각지 못했다.

That dog can play a number of instruments and is a real *crowd-pleaser.
저 개는 많은 악기를 연주할 줄 알아서 청중에게 정말 큰 기쁨을 선사한다.

*crowd-pleaser: 항상 관객을 즐겁게 하는 사람이나 공연

Some dogs develop trust issues when they are deserted by their owner.
주인에게 버림받으면 신뢰관계에 문제가 생기는 개들도 있다.

제1장 왕! 초보도 알아야 할 기본 영단어

MP3 1-08

disagree
[disəgríː]

- 통 ~와 일치하지 않다, ~와 의견을 달리하다 (with)
- 반 agree 통 동의하다
- disagree with A about B
  B[문제]에 관해서 A와 의견이 일치하지 않다

empty
[émpti]

- 형 비어 있는, 내실이 없는
- 통 ~를 비우다
- 반 full 형 가득한
- 유 vacant 형 비어 있는
- empty can 빈 깡통

gather
[gǽðər]

- 통 ~를 모으다, 모이다
- 파 gathering 명 모임
- 유 collect 통 ~를 수집하다

handle
[hǽndl]

- 통 ~를 다루다
- 명 손잡이, 핸들

자동차의 핸들은

huge
[hjúːdʒ]

- 형 거대한, 막대한
- 반 tiny 형 지극히 작은
- 유 giant 형 거대한

narrow
[nǽrou]

- 형 ① 좁은 ② 아슬아슬한
- 반 wide 형 (폭이) 넓은
- 통 좁아지다

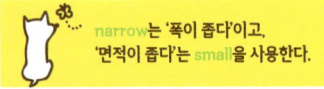
narrow는 '폭이 좁다'이고, '면적이 좁다'는 small을 사용한다.

Experts disagree over whether we should take dogs for a walk in the morning or afternoon.
개를 오전에 산책시켜야 할지 오후에 시켜야 할지 전문가들의 의견이 분분하다.

오전이냐, 오후? 둘 다 가야지요!

내 깡통이야!
내 거야!

I like collecting empty cans.
저는 빈 깡통 모으는 걸 좋아해요.

실례라구욧! 숙녀들의 티 파티인데!

I was very scared because the cats in the neighborhood were gathering.
동네 고양이들이 모여드는 바람에 너무도 무서웠어요.

Because I'm an only child, I'm not very good at handling children.
저는 외동이라서 아이들을 썩 잘 다루지는 못해요.

나는 말이 아니라 개야, 개...

The dog was so huge that it got stuck in the narrow gap.
그 개는 몸집이 너무 커서 좁은 틈새에 끼고 말았다.

thick
[θík]

- 형 ① 두꺼운 ② (액체 등이) 걸쭉한
- 파> thickness 명 두께, 농도
- 반> thin 형 얇은

impress
[imprés]

- 동 ① ~에 감명을 주다
  ② ~에 인상을 주다 (with)
- 파> impression 명 인상
  impressive 형 인상적인
- 🦴 impress A on B = impress B with A
  B에 A라는 인상을 주다

occasion
[əkéiʒən]

- 명 ① 경우, 기회 ② 행사
- 파> occasional 형 가끔의
  occasionally 부 때때로

pain
[péin]

- 명 고통, 아픔
- 파> painful 형 아픈
- 유> ache 명 (계속적인) 통증

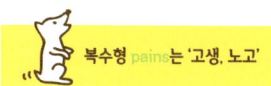
복수형 pains는 '고생, 노고'

plenty
[plénti]

- 명 풍부함
- 파> plentiful 형 풍부한
- 🦴 plenty of ~   많은 ~

Did you finish this thick human book in just three days? I'm impressed!

인간들이 읽는 이 두꺼운 책을 네가 3일만에 다 읽었다고? 굉장하다!

On very rare occasions, I share the bed with my owner.

아주 드물게, 주인님과 침대에서 같이 잘 때가 있어요.

It gives me so much pain to see my owner petting the cat!

주인님이 고양이를 쓰다듬는 걸 보는 일은 너무 고통스러워요!

I have plenty of work to do as head sheepdog.

저는 양 치기 개의 대장으로서 할 일이 많습니다.

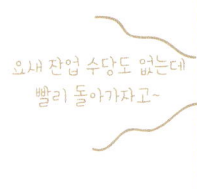

제1장 왕! 초보도 알아야 할 기본 영단어

MP3 1-10

polite
[pəláit]

형 예의바른, 정중한
- 파> politely 부 정중하게
- politeness 명 예의바름
- 반> impolite 형 무례한, 실례한

비교급은 politer, more polite
최상급은 politest, most polite
양쪽 다 OK.

quality
[kwάləti]

명 ① 질, 품질 ② 양질
- the quality of life 생활의 질
- quality and quantity 질과 양

sight
[sáit]

명 ① 시력 ② 보기 ③ 시야, 광경
- 파> sightseeing 명 관광
- lose[catch] sight of ~
  ~를 (시야에서) 놓치다[찾아내다]
- out of sight 안 보이는 곳에[의]

attach
[ətǽtʃ]

동 ① ~를 붙이다, ~를 설치하다
② ~를 첨부하다
- 파> attachment 명 부속품, 애착
- attach A to B A를 B에 붙이다

badly
[bǽdli]

부 나쁘게, 지독하게
- 파> bad 형 나쁜

I generally find shiba dogs more polite than beagles.
나는 일반적으로 비글보다 시바견이 더 예의 바르다고 생각한다.

응? 그래?

Which would you want in dog food, quality or quantity?
Both!
개 사료에서 질과 양 중 어느 쪽을 원하세요?
양쪽 다!

그리고 리필해 주는 속도도!

I lost sight of my owner!
주인님을 놓쳐버렸어!

GPS로 검색해 보자!

I feel very attached to this tennis ball.
전 이 테니스공에 애착을 느껴요.

승리구라서...

I want the steak very, very badly.
그 스테이크가 너무 너무 먹고 싶어요.

하다못해 육즙만이라도...

냄새라도 맡았으면...

제1장 왕! 초보도 알아야 할 기본 영단어

MP3 1-11

continent
[kάntənənt]

명 대륙
파〉 continental 형 대륙의
the Asian continent 아시아 대륙

disappoint
[disəpɔ́int]

동 ~를 실망시키다
파〉 disappointment 명 실망
be disappointed at ~
~에 실망하다

draw
[drɔ́ː]

동 ① ~을 끌어당기다 ② ~를 (선으로) 그리다
파〉 drawing 명 그리기, 소묘
drawer 명 서랍
draw a line 선을 그리다

활용은,
draw - drew - drawn

focus
[fóukəs]

동 ~에 초점을 맞추다, ~에 집중하다
명 초점, 핀트
be in focus 초점이 맞다
focus on ~ ~에 집중하다

발음 주의!

global
[glóubəl]

형 전체적인, 전 세계적인
파〉 globe 명 지구
globalization 명 세계화
global warming 지구 온난화

발음 주의!

I'm a well-travelled dog, so I've been to all continents - except Europe, Africa, Australia, North America, South America, and Antarctica.

저는 여행 경험이 풍부한 개니까, 모든 대륙에 가 본 적이 있습니다.
유럽, 아프리카, 호주, 북미, 남미 그리고 남극은 빼고요.

'방콕'족이거든!!

웃는 얼굴로 그렇게 말씀하시면…

꾹~ 참아야지!

You forgot to bring a plastic bag for the walk? I'm disappointed...

휴대용 배변봉투 가져오는 걸 잊으셨다고요? 실망이에요….

Some dogs act as if they were human.
I think we should draw a line somewhere.

어떤 개들은 마치 자신이 인간인 것처럼 행동한다.
나는 어딘가에 적정선이 있어야 한다고 본다.

그럼 다 벗고 돌아다녀야 돼!?

When you take a photo,
please make sure I'm in focus!

사진을 찍을 때는 저한테 초점이 맞추어져 있는지 확인해 주세요!

피사체는 최고고니까, 나머지는 찍는 사람의 기술 문제예요!!

The company is a global leader in the dog food industry.

그 회사는 개 사료 업계에서 세계적인 선두 기업이다.

누구 덕분에 최고가 된 줄 알아?

제1장 왕! 초보도 알아야 할 기본 영단어

MP3 1-12

joy
[dʒɔ́i]

- 명 기쁨
  - 파> joyful 형 즐거운
  - 반> sorrow 명 슬픔
  - 유> pleasure 명 기쁨
  - to one's joy ~가 기쁘게도

responsible
[rispánsəbl]

- 형 책임이 있는 (for)
  - 파> responsibility 명 책임
  - be responsible for A
    A에 대해 책임이 있다

separate
- 동 [sépəreit]
- 형 [sépərət]

- 동 ① ~과 떼어놓다 ② ~과 구분하다
- 형 별개의
  - 파> separation 명 분리
  - separately 부 따로
  - separate A from B A를 B와 나누다

 발음 주의!

trick
[trík]

- 명 책략, 속임수, 개인기
- 동 ~를 속이다
  - 파> tricky 형 교활한, ~하기에 까다로운 기술이 필요한
  - play a trick on ~ ~에게 장난을 치다

marry
[mǽri]

- 동 ~와 결혼하다
  - 파> married 형 결혼한
  - get married to ~ ~와 결혼하다

 타동사이므로 목적어가 뒤에 온다.

My tail started wagging uncontrollably out of so much joy.
너무 기쁜 나머지 꼬리가 주체할 수 없이 흔들리기 시작했어요.

Dog owners are responsible for their dogs' actions.
개 주인은 자기 개의 행동에 대한 책임이 있다.

You cannot separate me from this *chew toy.
나한테서 이 추 토이를 떼어 놓을 수 없어. *추 토이(chew toy): 개들이 씹으며 가지고 노는 장난감

The cat tricked me into marrying her.
나는 속아서 그 고양이와 결혼했다.

제1장 왕! 초보도 알아야 할 기본 영단어

MP3 1-13

violence
[váiələns]

- 명 격렬함, 폭력
  - 파> violent 형 격렬한
  - use violence 폭력을 행사하다

alive
[əláiv]

- 형 ① 살아 있는 ② 활기 찬
  - 반> dead 형 죽은
  - 유> live 형 살아 있는
  - living 형 살아 있는

> 명사 앞에는 쓰지 않고 서술적 용법으로만 씁니다.

charge
[tʃáːrdʒ]

- 동 ① ~를 청구하다 ② (의무 등)을 부과하다
- 명 ① 요금 ② 충전(하다)
  - in charge of ~ ~를 관리[담당]하는

fair
[féər]

- 형 ① 공정한 ② 하늘이 갠, 쾌청한
- 명 박람회
  - 파> fairly 부 제법, 꽤
  - fair weather 맑은 날씨

field
[fíːld]

- 명 ① 들, 들판, ~장 ② 분야
  - 파> fielding 명 수비
  - fielder 명 (야구의) 야수
  - oil fields 유전 지대

debate
[dibéit]

- 명 동 논의(하다), 토론(하다)
  - 유> discuss 동 ~를 의논하다

> 강세 주의!

I don't understand why those kids are afraid of me.
I never bite or use violence.

저 아이들이 왜 저를 무서워하는지 모르겠어요.
저는 절대 물거나 폭력을 쓰지 않거든요.

*Hachiko's spirit is still alive among people in this area.

이 지역 주민들 사이에는 지금도 '하치코'의 정신이 살아 있다.

*하치코(Hachiko): 주인이 사망한 후에도 시부야 역 앞에서 주인을 기다리던 일본의 충견

I forgot to charge my phone.
전화기 충전하는 걸 잊었다.

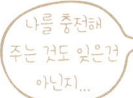

It's not fair that he got more food than me!

그 애가 나보다 밥을 더 많이 받은 건 공정하지 않아!

There is a debate over whether we should turn the oil field into a *dog run.

유전(油田)을 애견 전용 놀이터로 전환해야 하는지에 대한 논쟁이 오가고 있다.

*dog run(도그런): 애견 전용 놀이터

fire
[fáiər]

명 동 ① 불(을 붙이다), 화재 ② ~를 해고하다
- on fire 불타고 있는
- fire fighter 소방관

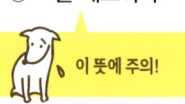 이 뜻에 주의!

fold
[fóuld]

동 ① ~를 접다 ② (팔짱을) 끼다
파> folder 명 폴더, 서류철
- fold one's arms 팔짱을 끼다

harm
[há:rm]

명 해, 손해
동 ~를 손상시키다, 해치다
파> harmful 형 유해한
harmless 형 무해한
- do harm to ~ ~에 해를 끼치다

medium
[mí:diəm]

명 ① 매체, 수단 ② 중간
형 중간의

media[미디어]는 medium의 복수형

nuclear
[njú:kliər]

형 핵의, 원자력의
- nuclear power 원자력
- a nuclear weapon 핵무기

 강세 주의!

He got fired as a guard dog because he was caught stealing snacks.
과자를 훔치다가 적발되는 바람에 그는 경비견직에서 잘렸다.

This website gives detailed instructions on how to fold a paper dog.
이 웹 사이트에는 종이 개 접기에 대한 상세한 설명이 나와 있다.

Barking just does more harm than good.
짖어서 좋을 게 없다. 해로운 점이 더 많을 뿐.

"I'd like my steak medium-rare, please," the dog said.
"스테이크는 미디엄 레어로 부탁해요."라고 그 개가 말했다.

Nuclear families are also increasing among dogs.
핵가족은 개들 사이에서도 증가하는 추세다.

제1장 왕! 초보도 알아야 할 기본 영단어

MP3 1-15

passenger
[pǽsindʒər]
명 승객, 여객, 선객

 강세 주의!

greet
[gríːt]
통 ① ~에게 인사하다 ② ~를 맞이하다
파> greeting 명 인사
greet A with a smile 웃음으로 A를 맞이하다

president
[prézidənt]
명 사장, 대통령, 의장
the president of the United States
미국 대통령

recommend
[rekəménd]
통 ~를 추천하다, 권유하다
파> recommendation 명 추천
유> suggest 통 ~를 제안하다
propose 통 ~를 제안하다
recommend A to do
A에게 ~하도록 권유하다

release
[rilíːs]
통 ① ~를 발표하다 ② ~를 해방시키다
명 해방, (음반 등의) 발매
release A from B A를 B에서 해방시키다

 '신곡을 릴리스하다'라고 할 때의 release로 기억하자.

Do you want me to greet passengers with a smile?
That wasn't in my job description.

내가 승객들을 미소로 맞이하면 좋겠다고?
그런 건 나의 근무 수칙에는 없던데.

I was wondering if you could recommend me as the next president of the Dog Food Association?

저를 개 사료 협회의 차기 회장으로 추천해 주실래요?

After working as a guide dog for 10 years, the dog was finally released from that duty.

맹인 안내견으로 10년 동안 일하고 나서야 그 개는 드디어 그 일에서 벗어났다.

stick
[stík]

- 통 ① 찌르다 ② ~를 붙이다 ③ 붙다
- 명 막대기
  - 파 sticky 형 끈적끈적한
  - stick A with B A를 B로 찌르다
  - stick to ~ ~을 고집하다

treasure
[tréʒər]

- 명 (보석 등의) 보물
- 통 ~를 간직하다

unique
[juní:k]

- 형 유일한, 독특한, 드문
  - 파 uniqueness 명 독특함
  - unique to ~ ~에 독특한

band
[bǽnd]

- 통 ~를 묶다
- 명 ① 묶는 것 ② 밴드, 무리, 한 덩어리
  - 파 bandage 명 붕대
  - a rock band 록 밴드

amazing
[əméiziŋ]

- 형 놀라운, 훌륭한
  - 파 amaze 통 ~를 놀라게 하다
  - 유 surprising 형 놀라운
  - an amazing invention 경이적인 발명

I'm always sticking my tongue out, but it doesn't mean anything.

저는 늘 혀를 빼물고 있는데, 별 의미는 없어요.

Is this what you call a pet shop?
This place is full of treasures!

여기가 '애완동물 가게'라는 곳인가? 보물이 가득하군!

I think it's a good idea to have that bulldog in our band. He has a unique, deep voice.

저 불도그를 우리 밴드에 받아들이는 건 좋은 생각 같다.
그는 독보적인 저음의 소유자니까.

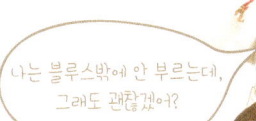

I had an amazing time with you, but it's time for me to let you go.

너와 즐거운 시간을 보냈지만, 이제는 너를 보내 줄 때로구나.

제1장 왕! 초보도 알아야 할 기본 영단어

MP3 1-17

anger
[ǽŋgər]

- 명 노여움
  - 파> rage 명 분노
- 동 ~를 화나게 만들다
  - 파> angry 형 화난
  - be filled with anger 분개하다

celebrate
[séləbreit]

- 동 ~를 축하하다
  - 파> celebration 명 축하
  - celebrity 명 유명 인사
  - celebrate one's birthday ~의 생일을 축하하다

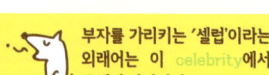
부자를 가리키는 '셀럽'이라는 외래어는 이 celebrity에서 유래된 말입니다.

copy
[kápi]

- 동 ~를 베끼다, 복사하다
- 명 ① 복사본 ② (잡지 등의) ~부, 권
  - 파> copyright 명 저작권
  - two copies of Newsweek 「뉴스위크」 2부

display
[displéi]

- 동 ~를 전시하다, 보여주다
- 명 전시, 디스플레이
  - 유> show 동 ~를 보여주다
  - 명 전시회

강세 주의!

friendly
[fréndli]

- 형 우호적인, 친절한
  - 파> friend 명 친구
  - environment(ally)-friendly 친환경적인

Because the dog barked at the postman, he ended up taking an online anger management course. 절대로 짖지 않겠다...

그 개는 우편배달부를 보고 짖어댔기 때문에, 결국 온라인 분노 조절 강좌를 듣게 되었다.

나는 소리 지르지 않겠다!

멍멍!

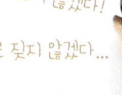

My master hired a DJ to celebrate my birthday.

주인님이 제 생일을 축하하기 위해 DJ를 고용해 주셨어요.

Hey yo!

You는 born, 뼈다귀는 bone!

사람 DJ가 아니네...

Every dog in this neighborhood has a copy of the photobook.

이 동네 개들은 그 사진첩을 모두 한 권씩 가지고 있다.

언제 올까... 엇, 아직 주문도 하지 않았구나!

A three-meter sculpture of the dog is on display in front of the movie theater.

극장 앞에 3미터 높이의 개 조각상이 전시되어 있다.

배랑 턱밖에 안 보이는데...

I am wondering if there are any dog-friendly bars around here?

이 주변에 개를 데려갈 수 있는 술집이 있습니까?

일단, 맥주와 육포부터 주세요.

graduate
- 동 [grǽdʒueit]
- 명 [grǽdʒuət]

- 동 졸업하다 (from)
- 명 졸업생
  - 파 graduation 명 졸업
  - graduate from ~ ~를 졸업하다
  - a graduation ceremony 졸업식

independent
[indipéndənt]

- 형 독립한, 의존하지 않는 (of)
  - 파 independence 명 독립
  - 반 dependent 형 의존하는
  - be independent of ~ ~에서 독립되다

law
[lɔ́ː]

- 명 법, 법률
  - obey a law 법을 따르다
  - break a law 법을 어기다

citizen
[sítizn]

- 명 시민, 국민, 민간인
  - 파 citizenship 명 시민권, 공민권, 국적
  - a citizens' group 시민 단체

scream
[skríːm]

- 동 큰 소리(를 외치다)
  - 유 shout 명 동 외치는 소리, 절규(하다)
  - give a scream 비명을 지르다

He graduated from the police dog academy at the top of his class.
그는 경찰견 학교를 수석으로 졸업했다.

저는 시시한 개 아저씨가 아니라, 멋진 경찰견입니다!

내는 도시로 가서 아이돌 견이 될 끼다!

I think the time has come for us dogs to have jobs and become independent of our owners.
우리 개들도 취직을 해서 주인님으로부터 독립할 때가 왔다고 생각합니다.

I am a law-abiding citizen, so I've never been in trouble with police dogs.
저는 법률을 잘 지키는 시민이라 경찰견과 문제를 일으킨 적이 한 번도 없어요.

경찰에게 신세진 일은 있지만!... 길을 잃어서 말이야.

Sorry, I just saw a bug and screamed.
미안. 난 그저 벌레를 보고 소리를 지른 것 뿐인데.

어, 장수풍뎅이다!!

무당벌레야...

제1장 왕! 초보도 알아야 할 기본 영단어

MP3 1-19

settle
[sétl]

통 ① ~를 결정하다, 해결하다 ② 정착하다
파) settlement 명 정착, 해결
- settle down 정착하다

smart
[smá:rt]

형 ① 활발한 ② 머리가 좋은, 영리한
유) clever 형 똑똑한

swallow
[swálou]

통 ~를 삼키다
명 제비

steal
[stí:l]

통 ~를 훔치다
유) rob
통 (A에서 B를) 도둑질하다 (A of B)
동) steel 명 강철
- steal A from B B에서 A를 훔치다

활용은,
steal - stole - stolen

stupid
[stjú:pid]

형 어리석은
파) stupidly 부 어리석게도
유) foolish, silly 형 멍청한
- It is stupid of A to do
  A가 ~하는 것은 어리석은 일이다

I demand steak for lunch. I won't settle for anything less!

점심으로 스테이크를 요구합니다.
그것 이하로 만족할 수 없어요!

If he'd been smart, he wouldn't have swallowed the stocking!

만약 그가 똑똑했다면 양말을 삼키지 않았을 텐데!

The dog was stupid enough to steal his owner's doughnut.

그 개는 어리석게도 주인의 도넛을 훔쳤다.

breathe
[bríːð]

- 동 숨을 쉬다, 호흡하다
  - 파 breath 명 숨

발음 주의!

asleep
[əslíːp]

- 형 잠들어 있는
  - 반 awake 형 잠에서 깬
  - fall asleep 잠들다

이 형용사는 명사 앞에 사용하지 않는 것에 주의.

capital
[kǽpətl]

- 명 ① 수도 ② 대문자 ③ 자본
  - 파 capitalism 명 자본주의
  - capitalist 명 자본가
  - the capital of France 프랑스의 수도

cooperation
[kouəpəréiʃən]

- 명 협력
  - 파 cooperate 동 협력하다
  - cooperative 형 협동의, 협력적인
  - in cooperation with ~ ~와 협력하여

soil
[sɔ́il]

- 명 ① 땅, 흙 ② 토지
  - fertile soil 비옥한 토양

I'm a bit worried because my dog always breathes heavily while he's asleep.
저는 우리 집 개가 자면서 늘 숨을 가쁘게 쉬기 때문에 좀 걱정입니다.

We've raised enough capital to buy out the dog toy company.
우리는 그 애견 장난감 회사를 사들이기에 충분한 자금을 모았습니다.

I've been cultivating the soil in cooperation with the cows.
저는 소들과 협력해서 그 땅을 경작해 왔어요.

제1장 왕! 초보도 알아야 할 기본 영단어

MP3 1-21

feed
[fíːd]

동 ~에게 먹을 것을 주다

활용은,
feed - fed - fed

gentle
[dʒéntl]

형 ① (성격이) 다정한 ② 온화한
유 kind 형 착한, 친절한
a gentle person 다정한 사람

invent
[invént]

동 ~를 발명하다, 창안하다
파 invention 명 발명

강세 주의!

manner
[mǽnər]

명 ① 방법 ② 태도, 예절 ③ 풍습

'예절, 풍습'이란 뜻일 때는
복수형 manners로
써야 되는 것에 주의.

master
[mǽstər]

동 지배하다, 숙달하다
명 주인, 달인

wherever
[hwɛərévər]

부 ~하는 곳이라면 어디든지
접 어디에(서) ~해도
유 no matter where 접 어디에 ~하려고 해도
wherever you (may) go
당신이 어디로 가더라도

Give me three good reasons why I should feed you.

왜 내가 너에게 밥을 줘야 되는지 납득할 만한 이유 세 가지를 말해 봐.

Please be gentle when petting me on the tummy.

제 배를 쓰다듬을 때는 살살 해주세요.

I'd like to invent a machine that scratches my back.

제 등을 긁어 주는 기계를 발명하고 싶어요.

Oops, I'm sitting on your tail. Where are my manners?

어이구, 내가 당신 꼬리를 깔고 앉았군. 이런 내 매너 좀 봐.

I'll go wherever my master goes.

저는 주인님이 가는 곳이라면 어디든지 따라갈래요.

제1장 왕! 초보도 알아야 할 기본 영단어

MP3 1-22

novel
[nάvəl]

- 명 소설
- 형 새로운, 참신한, 기발한
  - 파> novelty 명 참신함
    - novelist 명 소설가
    - poetry 명 시
  - 🦴 a historical novel 역사 소설

---

quit
[kwít]

- 동 ① ~를 그만두다 (~ing)
  ② 일을 그만두다
  - 유> stop 동 ~를 멈추다

활용은 quit - quit[quitted] - quit[quitted] - quitting

---

shade
[ʃéid]

- 명 ① 그늘 ② 빛 가리개
  - 파> shady 형 그늘이 많은

shadow(그림자)와의 차이에 주의.

---

site
[sait]

- 명 장소, 용지(用地)
  - 동> sight 명 광경

web site(웹 사이트)의 site이다.

---

steam
[stí:m]

- 명 ① 증기, 스팀 ② 안개, 연무
  - 🦴 a steam engine 증기 기관

The sheepdog came up with a novel approach for controlling the sheep.

그 양치기 개는 양을 통제하는 참신한 방법을 생각해 냈다.

I quit chewing grass when I was three.

나는 3살 때 풀을 씹는 것을 그만뒀다.

I like sipping an appletini in the shade.

저는 그늘에 앉아 홀짝홀짝 애플티니 마시는 걸 좋아해요.

In today's world, even dogs should have a web site or two.

요즘 세상에서는 개도 웹 사이트를 한 두 개는 가지고 있어야 한다.

Even cats could steam vegetables with a microwave.

고양이들도 전자레인지로 채소를 찌는 정도는 할 수 있을 텐데.

제1장 왕! 초보도 알아야 할 기본 영단어

MP3 1-23

term
[tə́ːrm]

- 명 ① 기간 ② 용어 ③ 조건 ④ 관계, 사이
- 유> period 명 기간 (=①)
  - word 명 말 (=②)
- long[short]-term 장[단]기간의
- in terms of ~ ~의 관점에서
- be on good terms with ~ ~와 사이가 좋다

theme
[θíːm]

- 명 테마, 주제

shame
[ʃéim]

- 명 ① 치욕, 불명예 ② 아쉬운 것
- 동 ~를 창피하게 하다
- 파> shameful 형 치욕스러운
  - shameless 형 파렴치한
- What a shame!
  그것 참 너무하군(그거 안됐구나)!

tradition
[trədíʃən]

- 명 전통, 습관
- 파> traditional 형 전통적인

victim
[víktim]

- 명 희생자, 피해자
- fall victim to ~ ~의 희생자가 되다

accent
[ǽksent]

- 명 ① 강세, 억양 ② 사투리
- local accent 지방 사투리

I haven't had a long-term boyfriend since I was two.

저는 2살 이후로 오랫동안 사귀어 본 남자 친구가 없습니다.

Your owner is throwing a fox-themed party for his birthday? What a shame!

네 주인이 여우를 주제로 생일파티를 연다고?
그것 참 너무하군!

I followed family tradition and became a dog policeman.

저는 가문의 전통을 따라 경찰견이 되었습니다.

I shouldn't laugh, but it's so funny that the cat fell victim to the *Ponzi scheme!

웃으면 안 되지만 그 고양이가 다단계 사기의 피해자가 됐다니 정말 웃기다!

*Ponzi scheme: 폰지형 사기 방식(피라미드식의 사기 방식)

The dog has a strong accent because she used to live in Australia.

그 개는 이전에 호주에서 살았기 때문에 억양이 강하다.

advertise
[ǽdvərtaiz]

강세 주의!

⑧ ~를 광고하다, 선전하다
파〉 advertisement 명 광고

artificial
[a:rtifíʃəl]

강세 주의!

형 인공적인, 인공의, 인조의
파〉 art 명 인공, 예술
반〉 natural 형 자연의
　an artificial satellite 인공위성

border
[bɔ́:rdər]

명 ① 가장자리, 경계 ② 국경
파〉 borderline 명 경계선, 국경선

bury
[béri]

발음 주의!

⑧ ① ~를 묻다, 매장하다 ② 몰두하게 하다
파〉 burial 명 매장
　be buried in ~ ~에 매장되다

era
[íərə]

발음 주의!

명 시대, 시기
유〉 age 명 시대
　　period 명 시대
　a new era 새로운 시대

forever
[fərévər]

부 영원히
유〉 for good 부 영원히

The dog food is advertised as "the finest in the world."
Of course, no artificial preservatives are used.
그 개 사료는 '세계 최고품'이라고 광고 중이다. 물론 인공 방부제는 전혀 사용되지 않는다.

The dog works at border control because she has a very good sense of smell.
그 개는 후각이 아주 뛰어나서 국경 검문소에서 근무 중이다.

I forgot where I buried my bone!
내가 어디에 뼈다귀를 묻었는지 잊어버렸어!

We live in an era of information these days.
오늘날 우리는 정보의 시대에서 살고 있다.

I wish I could sniff this bone forever.
언제까지라도 이 뼈다귀 냄새를 맡을 수 있다면 좋겠다.

제1장　왕! 초보도 알아야 할 기본 영단어

MP3 1-25

fortune
[fɔ́ːrtʃən]

명 ① 운, 행운 ② 부, 재산
- 파> fortunate 형 행운의
- 반> misfortune 명 불운
- make a fortune 재산을 모으다

fund
[fʌ́nd]

명 자금(을 제공하다), 기금, 재원
- a relief fund 구제 기금, 구호 기금

발음 주의!

harvest
[háːrvist]

명 수확, 수확량
- 유> crop 명 농산물, 수확

동 ~를 수확하다
- a rich harvest 풍년, 풍작

initial
[iníʃəl]

형 맨 앞의, 처음의
명 머리글자
- an initial letter 머리글자

강세 주의!

leap
[líːp]

동 뛰다, 튀다
명 도약

동사의 활용은,
leap - leapt[leaped] -
leapt[leaped]

60

The *Akita dog had the good fortune to work with Richard Gere in the movie.
그 아키타 견은 리처드 기어와 함께 영화에 출연하는 행운을 잡았다.

*Akita(아키타견): 일본의 유명한 충견 '하치코'의 품종.
'하치코'에 대한 이야기는 리처드 기어 주연의 영화로 제작되었다.

This pet shop is not funded by any criminal organization.
이 애완동물 용품점은 어떠한 범죄 조직으로부터도 자금 지원을 받지 않습니다.

I feel like asking cats for help at harvest time.
추수할 때 고양이에게 도와달라고 부탁하고 싶다.

Please write down your initials here and seal the paper with your paw.
여기에 이름의 머리글자(이니셜)를 적고 나서 앞발로 날인해 주시기 바랍니다.

I leapt into the air to catch the *frisbee.
나는 공중으로 뛰어올라 프리스비를 잡았다.

*프리스비(frisbee): 던지기를 할 때 사용하는 플라스틱 원반

pray
[préi]

통 기도하다, 간청하다 (for)
파 prayer 명 기도, 기도하는 사람

play(놀다)와 혼동하지 마세요.

reliable
[riláiəbl]

형 믿을 만한, 신뢰할 수 있는
파 rely on[upon] ~ 통 ~에 의존하다
a reliable lawyer 신뢰할 만한 변호사

silly
[síli]

형 어리석은, 바보 같은
유 foolish, stupid 형 어리석은
It is silly of A to do
A가 ~을 하는 것은 어리석은 일이다

사람의 성격을 가리키는 형용사 뒤에는 〈of + 사람〉을 씁니다.

tale
[téil]

명 이야기, 말
유 story 명 이야기
동 tail 명 꼬리
a fairy tale 전래 동화

useless
[júːsləs]

형 쓸모가 없는, 무용한
반 useful 형 유용한
useless for + 사물 (사물)하기에 쓸모가 없는
useless to + 사람 (사람)에게 쓸모가 없는

I pray that my owner will give me tasty snacks.
주인님이 맛있는 간식을 주시기를 기도합니다.

없는 거 다 알아요! 주는 척 하기는?

Some dogs prefer to live in a city where public transport is reliable.
대중교통을 믿을 수 있는 도시에 사는 걸 더 좋아하는 개도 있습니다.

대중교통으로 여행 중...

How silly of me to lock myself out of my doghouse!
개집 안에 열쇠를 놔두고 문을 잠가버리다니 얼마나 바보 같은지!

엄마, 배고파~

← 미아가 된 엄마 개

"*나는 고양이로소이다"는 번역하지 않을 거예요!

He is most well-known for translating the fairy tale into the dog language.
그는 그 동화를 개 언어로 번역한 것으로 가장 유명하다.

*나는 고양이로소이다: 고양이의 시선에서 인간 세상을 풍자적으로 묘사한 일본 장편 소설

인터넷으로도 번역할 수 있네~♪

After the invention of BowLingual, a dog language dictionary has become completely useless.
BowLingual이 발명되고 나서 개 언어 사전은 완전 무용지물이 되고 말았다.

right
[ráit]

- 명 ① 오른쪽 ② 권리
- 형 ① 올바른 ② 오른쪽의
  - 반 wrong 형 잘못된
- 부 바로, 정확하게, 오른쪽으로
  - right now[away] 지금 바로

however
[hauévər]

- 부 하지만, 아무리 ~라고 해도
  - 유 though 부 하지만

owner
[óunər]

- 명 소유자, 주인, 오너
  - 파 own 동 ~를 소유하다

spend
[spénd]

- 동 ① (돈)을 쓰다, 들이다 ② (시간)을 보내다
  - 반 save 동 저축하다, ~를 모으다
  - spend A ~ing ~하면서 A를 쓰다

human
[hjú:mən]

- 명 형 인간(의)
  - 파 humanity 명 인간성, 인류
  - a human being 인간

It is right for me to walk three times a day.
However, my owner walks me only once a day.
하루에 세 번 산책하는 것이 저에게 적당해요.
하지만 주인님은 하루 한 번만 산책을 시켜주시네요.

그런데 그 한 번이란 것이...

모래사장 10킬로미터 달리기는 너무 해요~

I spend most of the day yawning.
나는 하루 종일 하품하면서 시간을 보냅니다.

하음~

이 사진을 본 당신, 하품이 나오지 않나요?

We believe humans should learn from dogs.
우리는 인간이 개에게서 배워야 한다고 생각합니다.

휴대 전화랑 스마트 폰의 보급으로 약속 장소가 필요 없어졌나봐?

mind
[maind]

명 마음, 정신
- 유> heart **명** 마음
- soul **명** 영혼
- spirit **명** 정신

동 ① ~를 조심하다 ② ~에 싫증내다
- Would you mind ~ing?
  ~해 주시지 않겠습니까?
- Would you mind my ~ing?
  제가 ~해도 되겠습니까?

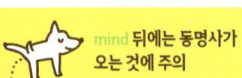
mind 뒤에는 동명사가 오는 것에 주의

society
[səsáiəti]

명 ① 사회 ② 협회
- 파> social **형** 사회의

increase
명 [ínkri:s]
동 [inkrí:s]

명 동 증가(하다)
- 파> increasingly **부** 갈수록, 점점
- 반> decrease **명 동** 감소(하다)
- increase in number 수가 증가하다

강세 주의!

reason
[rí:zn]

명 ① 이유 ② 이성
- 파> reasonable **형** 말이 통하는, 타당성이 있는, 저렴한
- with reason 타당한 이유로

Would you mind if I made this spot mine?

이곳을 제 자리로 해도 괜찮을까요?

In dogs' society, rules are important.

개들의 사회에서는 규칙이 중요하다.

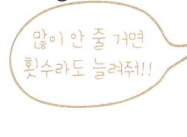

Please increase the amount of dog food.

사료의 양을 좀 늘려 주세요.

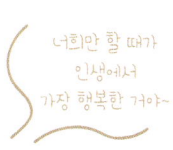

I have many reasons to believe that I'm happy.

나는 내가 행복하다고 믿는 많은 이유가 있다.

제1장 왕! 초보도 알아야 할 기본 영단어

MP3 1-29

produce
[prədjúːs]

동 ~을 생산하다, 제조하다
파〉 product 명 생산물
production 명 생산량

 강세 주의!

---

result
[rizʌ́lt]

명 결과, 성적
동 ~로 끝나다 (in)
　as a result 결과로
　result in ~ ~라는 결과가 되다

---

experience
[ikspíəriəns]

명 동 ① 경험(하다) ② 체험(하다)
　have a hard experience
　고통스러운 경험을 하다

---

cause
[kɔ́ːz]

명 원인, 이유
동 ~의 원인이 되다, …에게 ~하게 하다
　cause A to do A가 ~하는 원인이 되다

---

reach
[ríːtʃ]

동 ~에 도착하다, 닿다
유〉 get to, arrive at[in] 동 ~에 도착하다

 reach는 타동사이므로,
뒤에 전치사가 필요 없어요.

Two dogs will produce a lot of noise.
개 두 마리가 만나면 꽤 시끄러울 것이다.

As a result,
I became good friends with Taro.
결과적으로 나는 타로와 친한 친구가 되었다.

You need more experience barking at people.
너는 사람을 보고 짖는 경험이 더 필요해.

What is the cause of my chasing my own tail?
내가 내 꼬리를 뒤쫓는 이유가 무엇일까?

I can almost reach the food! It is touching my nose.
먹을 것에 거의 도달한 것 같아! 내 코에 닿고 있어.

제1장 왕! 초보도 알아야 할 기본 영단어

MP3 1-30

side
[sáid]

명 쪽, 측면
- side by side 나란히

insect
[ínsekt]

명 곤충, 벌레

past
[pǽst]

명 **형** 과거(의)
전 ~를 지나서
파〉 pass **동** 지나가다

neighbor
(英) **neighbour**
[néibər]

명 이웃 사람
파〉 neighborhood **명** 이웃 (사람들)

 발음 주의!

toward
(英) **towards**
[təwɔ́ːd]

전 ~를 향하여, ~쪽으로

I feel there is an insect on the right side of my body.

내 몸 오른쪽에 벌레가 붙어있는 것 같다.

My neighbor dog was walking past me in the park.

이웃집 개가 공원에서 나를 막 앞질러 가고 있었다.

Dogs do not care if their head is facing toward the north when sleeping.

개는 잘 때 머리를 북쪽으로 두어도 신경 쓰지 않는다.

제1장 왕! 초보도 알아야 할 기본 영단어

MP3 1-31

sign
[sáin]
- 명 ① 표시, 기호 ② 표지 ③ 신호, 징후
- 동 ~에 서명하다
  - 파> signature 명 서명, 사인

> 서류에 하는 '사인'은 signature
> 유명인사의 '사인'은 autograph

quite
[kwáit]
- 부 완전히, 제법, 꽤
  - quite a few 상당한 양의

similar
[símələr]
- 형 비슷한, ~와 유사한 (to)
  - 파> similarity 명 유사성
  - similarly 부 비슷하게
  - similar to ~ ~와 비슷한

information
[infərméiʃən]
- 명 정보
  - 파> inform 동 ~에게 알려주다
  - a piece of information 하나의 정보

> 셀 수 없는 명사이므로 informations
> 라고 하면 안 된다.

modern
[mádərn]
- 형 현대의, 현대적인
  - 파> modernize 동 ~를 근대[현대]화시키다
  - 반> ancient 형 고대의
  - medieval 형 중세의

강세 주의!

ancient
[éinʃənt]
- 형 고대의, 오래된
  - 반> modern 형 현대의, 근대의
  - 유> old 형 오래된
  - ancient history 고대사

I don't like the sign that says "No dogs in this area."
나는 '개 출입 금지 지역'이라는 표지판이 싫다.

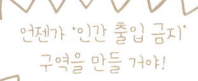

My son looks quite similar to me.
아들은 나를 쏙 빼닮았다.

Do you have any information about this dog owner?
이 개 주인에 대해서 아는 게 좀 있습니까?

Modern dogs do not have the same alert level as ancient ones.
현대의 개는 고대 시대의 개(늑대)와 같은 경계 수준을 가지고 있지 않다.

제1장 왕! 초보도 알아야 할 기본 영단어

MP3 1-32

notice
[nóutis]
- 동 ① ~를 깨닫다 ② ~라고 알다
- 명 통지, 예고
  - 파> noticeable 형 눈에 띄는
  - notice that ~ ~라는 사실을 깨닫다

difference
[dífərəns]
- 명 차이, 상이
  - 파> differ 동 다르다
  - different 형 다른
  - make a difference 차별을 두다, 영향이 있다
  - difference between A and B A와 B의 차이

shape
[ʃéip]
- 명 ① 형태, 모양 ② (건강 등의) 상태
- 동 ~를 형성하다
  - 파> shapeless 형 모양이 없는
  - in good shape (몸) 상태가 좋다

step
[stép]
- 명 ① 한 걸음 ② [~s]계단 ③ 수단
- 동 디디다, 걷다
  - 파> stepmother 명 계모
  - stepfather 명 계부
  - step by step 한 걸음씩
  - watch one's step 발밑을 주의하다

explain
[ikspléin]
- 동 ~를 설명하다
  - 파> explanation 명 설명
  - explain A to B A를 B에게 설명하다

communicate
[kəmjúːnikeit]
- 동 ① ~를 전달하다
  ② 의사소통을 하다, 서로 이해하다
  - 파> communication 명 전달, 통신
  - communicate with ~
    ~와 의사소통하다

I noticed that there was a difference in shape between those two dogs.
나는 그 개 두 마리의 겉모습에 차이점이 있다는 것을 알아차렸다.

This is the first step for me to become a house dog.
이것이 내가 집 지키는 개가 되는 첫 단계다.

I will explain why dogs need to communicate with their owners.
개들이 왜 주인과 의사소통을 할 필요가 있는지 제가 설명할게요.

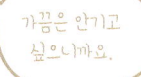

제1장 왕! 초보도 알아야 할 기본 영단어

activity
[æktívəti]

명 ① 활동 ② 움직임
파〉 active 형 활동적인
　　 act 동 행동하다
유〉 action 명 행동
　　 outdoor activities   야외활동

chance
[tʃæns]

명 ① 기회 ② 가능성 ③ 우연
　　 by chance   우연히
　　 take a chance   ~(을) 운에 맡기다

influence
[ínfluəns]

명 영향(력)
동 ~에게 영향을 주다
파〉 influential 형 영향력이 있는
　　 have (an) influence on ~
　　 ~에게 영향을 주다

matter
[mǽtər]

명 ① 문제, 일 ② 물질
동 중요하다
　　 as a matter of fact   실제로는
　　 It doesn't matter.   그것은 중요하지 않다.

probably
[prάbəbli]

부 아마
파〉 probability 명 가능성, 확률

As part of our daily activities, we want to walk three times.

일상 활동의 일부로 세 번 정도는 산책하고 싶어요.

Give me a chance to do the trick one more time.

한 번 더 개인기를 할 기회를 주세요.

Dogs have an influence on their owners.

개는 주인에게 영향을 준다.

"You don't eat much. What's the matter?"

"많이 안 먹네. 무슨 문제라도 있니?"

Probably, I'm a cat.

아마도, 나는 고양이인가 봐.

제1장 왕! 초보도 알아야 할 기본 영단어

MP3 1-34

guess
[gés]

- 통 ~를 추측하다, ~라고 생각하다 명 추측, 측량
- 유 think 통 ~라고 생각하다

구어체에서 I guess ~(~라고 생각하다)는
I think ~와 같은 뜻입니다.

create
[kriéit]

- 통 ① ~를 창조하다, 고안하다
  ② ~를 일으키다
- 파 creation 명 창조, 창작
  creative 형 창조적인

period
[píəriəd]

- 명 ① 기간, 시대 ② 주기 ③ 종지부
- 파 periodical 명 정기간행물
- 유 age, era 명 시대
- for a long period 오랫동안

lose
[lú:z]

- 통 ① ~를 잃다, 상실하다 ② 패하다
- 파 loss 명 손실
- 반 win 통 ~를 획득하다, 이기다

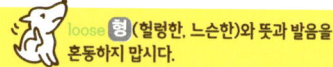
loose 형 (헐렁한, 느슨한)와 뜻과 발음을
혼동하지 맙시다.

price
[práis]

- 명 ① 가격, 값 ② 대가
- 파 priceless 형 아주 귀중한
- at a high[low] price 비싼[싼] 가격으로

valueless(무가치한)와
혼동하지 맙시다.

I guess God created dogs first.
나는 신이 개를 가장 먼저 만들었다고 생각한다.

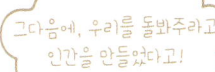
그 다음에, 우리를 돌봐주라고 인간을 만들었다고!

Dogs can pay attention only for a short period of time.
개들은 짧은 시간 동안만 집중할 수 있다.

집중력을 좀 길러야겠어요!

The doctor said my dog needed to lose weight.
의사는 우리 집 개가 몸무게를 줄여야 한다고 말했다.

출산하고 나니 다이어트하기 힘드네~

The price for some dogs at the pet stores is high.
그 애완동물 가게에 있는 개 몇 마리는 값이 많이 나간다.

값나가는 개가 누군지 똑똑히 알려주시죠!!

behind
[biháind]

- 전 ① (~의) 뒤에 ② ~에게 뒤떨어져
- 반 in front of 전 ~의 앞에서
- 🦴 behind one's back ~가 없는 곳에서

possible
[pásəbl]

- 형 가능한, 있을 수 있는
- 파 possibly 부 어쩌면
  possibility 명 가능성
- 반 impossible 형 불가능한

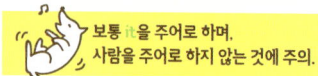
보통 it을 주어로 하며, 사람을 주어로 하지 않는 것에 주의.

amount
[əmáunt]

- 명 ① 양, 액 ② 총액
- 동 총계가 ~에 이르다 (to)
- 🦴 amount to ~ ~에 이르다

control
[kəntróul]

- 명 동 지배(하다), 관리(하다), 제어(하다)
- 파 controllable 형 제어 가능한
- 🦴 go[get] out of control
  제어할 수 없게 되다

complain
[kəmpléin]

- 동 불평을 늘어놓다, 항의하다
- 파 complaint 명 불평
- 🦴 complain about ~
  ~에 대해 불평을 하다

environment
[inváiərənmənt]

- 명 환경, 주위 상황
- 파 environmental 형 환경의
- 🦴 a global environment 지구 환경

I will walk behind my owner.
저는 주인님 뒤에서 걸을게요.

Is it possible to increase the amount of food?
식사량을 늘리는 것이 가능할까요?

No one can control me.
아무도 나를 지배할 수 없다.

Stop complaining about the environment you are in.
당신이 처한 환경에 대한 불평을 그만두세요.

state
[stéit]

- 통 ~를 명확히 말하다, 진술하다
- 명 형 ① 국가(의) ② 주(의) ③ 상태
  - 파 statement 명 성명(서)
  - the United Sates 미합중국

smell
[smél]

- 통 냄새가 나다
- 명 냄새, 향기
  - 유 scent 명 (좋은) 향기

동사 활용은,
smell - smelled[smelt]
- smelled[smelt]

allow
[əláu]

- 통 ① ~를 허가하다 ② ~를 가능하게 하다
  - 파 allowance 명 수당
  - 유 permit 통 ~를 허용하다
  - allow A to do
    A가 ~하는 것을 허가하다[가능하게 하다]

public
[pʌ́blik]

- 형 일반의, 공공의, 공중의
- 명 세간, 세상
  - 파 publication 명 출판(물), 발표
  - publicity 명 소문, 광고
  - in public 공개적으로

office
[ɔ́ːfis]

- 명 사무실, 직장
  - 파 officer 명 공무원, 경찰
  - official 형 공공의, 공식적인
  - an office worker 회사원

Let me state clearly that I smell something.

분명히 말하지만 무슨 냄새가 난다.

Dogs are not allowed to enter some public spaces or offices.

개들은 몇몇 공공장소나 사무실에 들어가서는 안 된다.

equal
[íːkwəl]

- 형 ① 동등한, 평등한 ② ~에 상당하는
  - 파> equality 명 평등
  - equally 부 평등하게
  - be equal to ~ ~와 동등하다

meal
[míːl]

- 명 식사
  - have[eat, take] a meal 식사를 하다

taste
[téist]

- 동 ① ~를 맛보다 ② ~의 맛이 나다
- 명 ① 맛 ② 취향
  - 파> tasty 형 맛있는
  - to one's taste ~의 마음에 들어

purpose
[pə́ːrpəs]

- 명 목적, 의도
  - 유> aim 명 목적
  - on purpose 의도적으로, 일부러

system
[sístəm]

- 명 제도, 조직, 시스템
  - 파> systematic 형 조직적인, 체계적인
  - a social system 사회 제도

I'm not saying dogs are equal to humans.

나는 개들이 인간과 동등하다고 말하는 건 아니다.

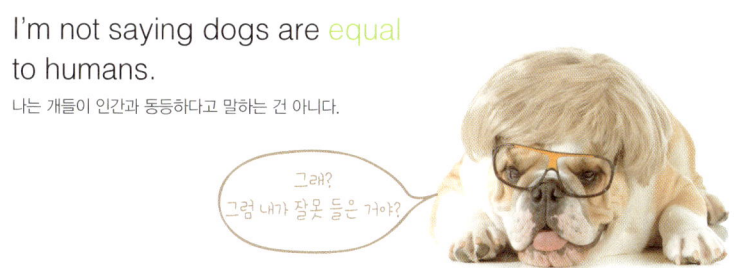

Don't talk to me during my meal. I want to taste it.

식사 중에 나한테 말 걸지 마. 맛을 음미하고 싶단 말이야.

What is the purpose of the system in which I must bark at things?

내가 짖어야만 한다는 제도의 목적은 무엇입니까?

제1장 왕! 초보도 알아야 할 기본 영단어

solve [sálv]
- 동 ~를 해결하다, 풀다
  - 파> solution 명 해결
  - solve a problem 문제를 해결하다

case [kéis]
- 명 ① 경우 ② 문제, 사건
  - in case of ~ ~인 경우에는
  - as is often the case (with ~) (~에는) 흔히 있는 일인데

bill [bíl]
- 명 ① 지폐 ② 법안 ③ 청구서
  - pay the bill 돈을 지불하다

express [iksprés]
- 동 ~를 표현하다, 말로 표현하다
- 형 급행의
  - 파> expression 명 표현
  - express A to B A를 B에게 표명하다

common [kámən]
- 형 ① 공통의 ② 일반의, 보통의
  - 파> commonly 부 일반적으로
  - 반> uncommon 형 드문, 희한한
  - in common (~와) 공통된[의]

fear [fíər]
- 명 공포, 불안
- 동 ~를 무서워하다
  - for fear of ~ ~하지 않게, ~를 염려해서

The dog solved the case.
그 개가 그 사건을 해결했다.

The older dog always pays the bill.
나이가 더 많은 개가 항상 계산을 한다.

People express a common fear that dogs might bite.
사람들은 개가 물지도 모른다는 흔한 두려움을 나타낸다.

제1장　왕! 초보도 알아야 할 기본 영단어

MP3 1-39

forward
[fɔ́:rwərd]

- 형 앞의, 앞부분의
- 부 앞으로
- 동 ~로 전송하다
  - look forward to ~ing
    ~(하기)를 고대하다

traffic
[trǽfik]

- 명 교통(량)
  - a traffic jam　교통 혼잡
  - a traffic light　교통신호

advice
[ədváis]

- 명 조언, 어드바이스, 의견
  - 파 advise　동 ~에게 조언하다

동사 advise와 스펠링 차이에 주의!

강세 주의!

discover
[diskʌ́vər]

- 동 ① ~를 발견하다　② ~를 알아내다
  - 파 discovery　명 발견
    - discoverer　명 발견자

88

I look forward to walk time.

저는 산책 시간을 기다립니다.

There is a lot of traffic today.

오늘은 교통이 혼잡하다.

I followed your advice and discovered that I was able to swim.

당신의 조언을 따랐더니 저도 수영을 할 수 있다는 걸 알게 되었어요.

제1장 왕! 초보도 알아야 할 기본 영단어

MP3 1-40

mistake
[mistéik]

- 통 ~를 잘못 보다, 틀리다
- 명 틀림, 실수
  - 🦴 mistake A for B   A를 B로 혼동하다
  - 🦴 make a mistake   실수를 저지르다

 동사 활용은,
mistake – mistook – mistaken

natural
[nǽtʃərəl]

- 형 ① 자연의, 자연스러운, 보통의
  ② 타고난
- 파> nature 명 자연
  naturally 부 자연스럽게
  - 🦴 It is natural that S (should) do
    S가 ~하는 것은 당연하다

program
(英) programme
[próugræm]

- 명 ① 계획, 예정
  ② (PC의) 프로그램 ③ TV 프로
- 통 프로그램을 만들다

event
[ivént]

- 명 행사, 사건, 이벤트
- 파> eventually 부 결국, 종내

especially
[ispéʃəli]

- 부 특히, 특별히
- 파> special 형 특별한

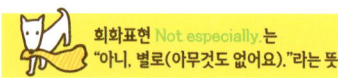 회화표현 Not especially.는
"아니, 별로(아무것도 없어요)."라는 뜻.

I made the mistake of barking at you.
제가 실수로 당신에게 짖어버렸네요.

It is quite natural that dogs get dirty.
개가 더러워지는 것은 아주 당연한 일이다.

The program of the event is available online.
그 행사의 일정은 온라인에서 볼 수 있다.

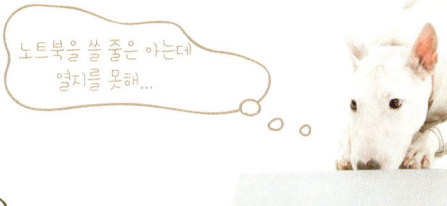

I especially like beef.
나는 특히 소고기를 좋아한다.

제1장 왕! 초보도 알아야 할 기본 영단어

MP3 1-41

research
[rísə:rtʃ]
- 명 연구, 조사
  - 파> researcher 명 연구자, 조사인
- 동 ~를 연구하다, 조사하다

셀 수 없는 명사이므로 a나 many, 숫자 등이 붙지 않는 데 주의.

---

develop
[divéləp]
- 동 ① ~를 발달시키다, 발전시키다
  ② ~를 개발하다
  - 파> development 명 발달
  - develop into ~ 발달하여 ~가 되다
  - a developed country 선진국
  - a developing country 개발도상국

---

science
[sáiəns]
- 명 과학
  - 파> scientific 형 과학의, 과학적인
  - scientist 명 과학자
  - physical science 자연과학, 물리학

---

imagine
[imǽdʒin]
- 동 ① ~를 상상하다, 마음에 그리다
  ② ~를 추측하다
  - 파> imagination 명 상상(력)
  - imaginary 형 상상의, 허구의
  - imaginative 형 상상력이 풍부한
  - imagine that ~ ~라고 상상[생각]하다
  - an imaginary creature 상상의 동물

---

lie
[lái]
- 동 ① 눕다 ② 위치하다 ③ 거짓말을 하다
- 명 거짓말
  - 파> liar 명 거짓말쟁이

①·②의 활용은 lie - lay - lain - lying
③의 활용은 lie - lied - lied - lying

I do research to develop the science for dogs.
저는 개를 위한 과학을 발전시키기 위해 연구를 합니다.

글씨가 작아서 안 보이네. 돋보기가 어디 있더라?

I often imagine what it would be like to lie down all the time.
매일매일 누워만 있으면 어떨까 종종 상상해 본다.

아~ 엄마가 누워 있으면 좋겠는데~ 젖 먹기가 힘들어~

제1장 왕! 초보도 알아야 할 기본 영단어

MP3 1-42

ordinary
[ɔ́:rdəneri]

형 보통의, 일상적인, 평범한
- 파 ordinarily 부 보통으로
- 반 extraordinary 형 이상한
- special 형 특별한
- ordinary people 보통 사람들

prepare
[pripéər]

동 ~를 준비하다, 마련하다
- 파 preparation 명 준비
- prepare for ~ ~에 대비하여 준비하다

rise
[ráiz]

동 (해·달이) 오르다, (물가가) 오르다
- 반 set 동 (해·달이) 지다
- fall 동 떨어지다

명 상승

활용은, rise - rose - risen - rising
타동사 raise(~를 올리다)와 구별하세요.

whole
[hóul]

형 ① 전체적인, 통째로의 ② 완전한
명 전체
- as a whole 전체로서
- on the whole 대체로, 일반적으로

whole cake는
'케이크 한 판'

count
[káunt]

동 ① 수를 세다 ② 중요하다
명 계산
- 파 countable 형 셀 수 있는
- uncountable 형 셀 수 없는, 무수한
- count on[upon] ~ ~를 믿고 기대다

I'm just an ordinary dog.
저는 그냥 평범한 개입니다.

I'll prepare a one-minute dog speech.
저는 1분 개 스피치를 준비하고자 합니다.

I can tell when the sun rises.
저는 해가 언제 뜨는지 알 수 있어요.

As a whole, dogs like humans.
대체로, 개는 인간을 좋아한다.

Dogs can count up to ten.
개는 10까지 셀 수 있다.

general
[dʒénərəl]

형 ① 일반적인 ② 개괄적인, 전체적인
- 파> generally 부 대개, 일반적으로
- 반> special 형 특별한
- in general 보통, 일반적으로

compare
[kəmpéər]

동 ① ~를 비교하다 ② ~에 비유하다
- 파> comparison 명 비교
- comparative 형 비교의, 비교적인
- compare A with B A와 B를 비교하다
- compare A to B A를 B에 비유하다

hit
[hít]

동 ~를 치다, 때리다
- 유> strike 동 ~를 치다
- 명 타격
- hit on[upon] ~ ~를 생각해내다

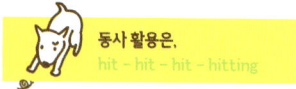

동사 활용은,
hit - hit - hit - hitting

reply
[riplái]

동 응답하다, 답하다 (to)
명 응답, 답
- 유> answer 동 명 답하다, 정답
- reply to ~ ~에 답하다

exactly
[igzǽktli]

부 ① 정확히, 엄밀히 ② 확실히
- 파> exact 형 정확한

강세 주의!

In general, we should not compare the amount of food we get with that of other dogs.
일반적으로 우리가 받는 음식의 양과 다른 개들의 음식 양을 비교하지 말아야 한다.

The cat hit me in the nose.
그 고양이는 내 코를 때렸다.

Stuart replies to his owner exactly as he is told to do.
스튜어트는 정확히 지시받은 대로 주인에게 반응한다.

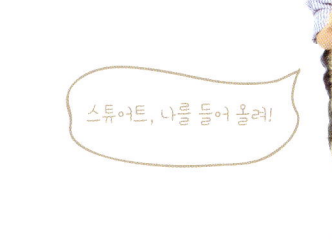

제1장 왕! 초보도 알아야 할 기본 영단어

MP3 1-44

rest
[rést]

- 몡 ① 휴식, 휴게 ② 잔여
- 통 쉬다, 휴식하다
  - 파> restless 형 가만히 못 있는, 들썩이는
  - take a rest 휴식하다

power
[páuər]

- 몡 ① 힘, 능력 ② 권력
  - 파> powerful 형 강력한, 힘센
  - electric power 전력

local
[lóukl]

- 형 지역의, 지방의
  - 파> locally 부 국지적으로
  - a local train (정거장마다 서는) 보통열차

government
[gʌ́vərnmənt]

- 몡 ① 정부 ② 정치, 행정
  - 파> govern 통 ~를 통치하다
  - the Korean government 한국 정부

hate
[héit]

- 통 ~를 미워하다, 몹시 싫어하다
  - 파> hatred 몡 증오
    hateful 형 미워할 만한
  - 반> love 통 ~를 사랑하다
  - hate to do[~ing] ~하기를 싫어하다

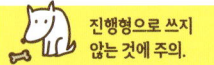
진행형으로 쓰지 않는 것에 주의.

Let's take a rest for five minutes.
5분 동안 쉽시다.

Tora has a lot of power in the local government for dogs.
토라는 개의 지방 정부에서 큰 권력을 쥐고 있다.

I hate it when my owner doesn't walk me.
주인님이 저를 산책 시켜주시지 않을 때는 정말 싫어요.

제1장 왕! 초보도 알아야 할 기본 영단어

MP3 1-45

impossible
[impásəbl]

형 불가능한, 있을 수 없는
반> possible 형 가능한

'불가능한'이라는 뜻으로 쓸 때는 사람을 주어로 하지 않습니다.

raise
[réiz]

동 ① ~를 올리다 ② ~를 키우다
명 상급

rise(오르다, 올라가다)와 혼동하지 마세요.

respect
[rispékt]

동 ~를 존경하다, 경애하다
명 ① 존경 ② 점
파> respectable 형 존경할 만한
respectful 형 공손한
respective 형 각각의
 with respect to ~ ~에 관하여

skill
[skíl]

명 수완, 기능, 숙련
파> skillful 형 숙련된
 communication skills 의사소통 능력

advantage
[ædvǽntidʒ]

명 이점, 강점
파> advantageous 형 ~에 유익한
반> disadvantage 명 불리함

강세 주의!

I have only five minutes for a walk.
It's impossible!

산책할 시간이 5분밖에 없다니. 그건 무리야!

Hachi can raise his hands.

하치는 손을 올릴 수 있다.

I respect my owner,
but cats do not.

저는 주인님을 존경하는데 고양이는 그러지 않네요.

Barking skills are an advantage for a house dog.

집을 지키는 개에게 짖는 기술은 하나의 이점이 된다.

appear
[əpíər]

- 통 ① 출현하다, 나타나다
  ② ~로 보이다
- 파〉 appearance 명 외견, 출현
- 반〉 disappear 통 사라지다, 없어지다
- 🦴 It appears (to A) that S V
  S appear(s) to do
  (A에게는) ~처럼 보이다

bear
[béər]

- 통 ① ~를 낳다 ② ~를 갖다 ③ ~를 참다
- 명 곰
- 🦴 be born 태어나다

waste
[wéist]

- 통 ~를 낭비하다, 허비하다
- 명 ① 폐기물 ② 허비
- 파〉 wasteful 형 낭비적인
- 동〉 waist 명 허리
- 🦴 waste money on ~ ~에 돈을 낭비하다

abroad
[əbrɔ́ːd]

- 부 외국으로, 해외로
- 🦴 go abroad 해외로 가다

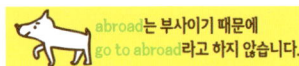

abroad는 부사이기 때문에
go to abroad라고 하지 않습니다.

It appears that the dog is from the same area.
저 개는 같은 지역 출신인 것 같다.

Dogs bear a lot of puppies.
개는 새끼를 많이 낳는다.

I like to waste my time chasing my tail.
저는 제 꼬리를 쫓으며 시간을 보내는 것을 좋아해요.

Dogs also want to go abroad.
개도 해외에 가고 싶어요.

제1장 왕! 초보도 알아야 할 기본 영단어

MP3 1-47

company
[kámpəni]

- 명 ① 사회 ② 동료, 동반자
  - 파 companion 명 동료
  - keep company with ~ ~와 교제하다

continue
[kəntínju:]

- 동 ~를 지속하다, 계속하다
  - 파 continuous 형 계속되는
  - continue ~ing[to do] 계속해서 ~하다

lead
- 동 [líːd]
- 명 [léd]

- 동 ① ~를 이끌다 (to, into)
  ② 선두하다, 리드하다
  - 파 leading 형 주요한, 선두인
  - lead A to do A가 ~하도록 이끌어가다
- 명 납

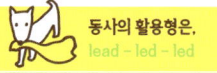
동사의 활용형은,
lead – led – led

project
- 명 [prɑ́dʒekt]
- 동 [prɑdʒékt]

- 명 계획, 기획, 사업
  - 유 plan 명 계획
- 동 ~를 계획하다, ~를 예측하다

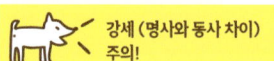
강세 (명사와 동사 차이)
주의!

success
[səksés]

- 명 성공
  - 파 succeed 동 성공하다
  - successful 형 성공한
  - make a success of ~ ~에 성공하다

The company continues to sell the good dog food.

그 회사는 양질의 개 사료를 계속 판매하고 있다.

He led the volunteer project to a success.

그는 그 봉사활동 계획을 성공으로 이끌었다.

encourage
[inkə́ːridʒ]

동 ① ~를 격려하다 ② ~를 촉진하다
파> encouragement 명 격려
encourage A to do
A를 ~하도록 격려하다

reduce
[ridjúːs]

동 ~를 줄이다, 감소시키다
파> reduction 명 감소
reduce A to B
A를 B(라는 상태)로 바꾸다[축소하다]

self
[sélf]

명 자신, 자기
파> selfish 형 이기적인

복수형은 selves

stranger
[stréindʒər]

명 낯선 사람, 타인
파> strange 형 낯선, 기묘한
I'm a stranger around here.
저는 이 지역은 잘 모릅니다.
(다른 사람이 길을 물었을 때)

address
명①[ǽdres]
명②동 [ədrés]

명 ① 주소 ② 연설
동 ~에게 말을 걸다, ~을 향해 연설하다

I always encourage my owner to reduce her working time.
저는 항상 제 주인님께 근무 시간을 줄여달라고 촉구하고 있습니다.

I stay away from other dogs to keep my sense of self.
저는 자의식을 유지하기 위해 다른 개들과 어울리지 않아요.

Do I have to bark when I see a stranger?
낯선 사람을 보면 짖어야 돼요?

My address is printed on my collar.
제 주소는 목걸이에 새겨져 있습니다.

제1장 왕! 초보도 알아야 할 기본 영단어

MP3 1-49

beat
[bíːt]

동 ① ~를 치다, 때리다 ② ~를 이기다, 패배시키다

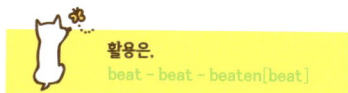
활용은.
beat - beat - beaten[beat]

bite
[báit]

동 ① ~를 물다 ② ~를 (곤충, 뱀 등이) 물다
명 물기

동사 활용은.
bite - bit - bitten

block
[blák]

동 ① ~를 막다 ② 방해하다
명 ① (도로로 나뉘는) 구역 ② 블록

Blocked는
'통행금지'(간판 등)

clerk
[kláːrk]

명 ① 사무직원 ② 점원

a bank clerk 은행원

describe
[diskráib]

동 ~를 묘사하다, 설명하다
 description 명 묘사

강세 주의!

Even the strongest cat cannot beat the *Tosainu.
가장 힘이 센 고양이라도 도사견을 이길 수는 없다.

*Tosainu(도사견): 일본이 원산인 싸움을 잘 하는 개의 품종

Most dogs do not want to bite.
대부분의 개는 물고 싶어 하지 않다.

You are blocking my way.
당신이 제 길을 막고 있어요.

The clerk described why the new dog food was good.
그 점원은 왜 그 새로운 개 사료가 좋은지 설명하였다.

제1장 왕! 초보도 알아야 할 기본 영단어

flight
[fláit]

- 명 비행, 항공편
  - 파 fly 동 날다
  - a non-stop (direct) flight 직항편

stare
[stéər]

- 동 명 빤히 쳐다보다(보는 일), 응시하다(하는 일) (at)
  - 유 gaze 동 (흥미·기쁨으로) 쳐다보다
  - stare A in the face
    A의 얼굴을 빤히 쳐다보다

support
[səpɔ́ːrt]

- 동 ~를 지원하다, 지지하다
- 명 지지, 원조
  - 파 supporter 명 지지자, 응원자
  - support one's family 가족을 부양하다

difficulty
[dífikəlti]

- 명 ① 곤란, 어려움 ② 장애
  - 파 difficult 형 어려운
  - with difficulty 가까스로
  - have difficulty (in) ~ing
    ~하는 데 고생을 하다

 강세 주의!

university
[juːnəvə́ːrsəti]

- 명 대학교 (보통 종합대학교를 가리킨다)
  - 유 college 명 (단과) 대학

My flight will be delayed.
내가 탈 비행기가 지연될 것이다.

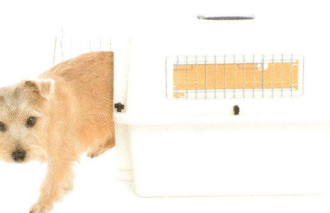

Please do not stare at me. I get nervous.
저를 빤히 쳐다보지 마세요. 긴장됩니다.

Some dogs support people with difficulties.
어려움을 가진 사람들을 도와주는 개들이 있다.

Is there a university for dogs?
개를 위한 대학교가 있습니까?

제1장 왕! 초보도 알아야 할 기본 영단어

collect
[kəlékt]

동 ~을 모으다, 수집하다
- 파) collection 명 수집(물)
- 유) gather 동 ~를 (끌어) 모으다

convenient
[kənvíːniənt]

형 ① 편리한
② (시간·장소가) 가까워서 편리한
- 파) convenience 명 편리(함)
- 반) inconvenient 형 불편한
- It is convenient (for A) to do
  (A에게) ~하는 것은 편리하다

 사람을 주어로 쓰지 않습니다.

enter
[éntər]

동 ① ~에 들어가다 ② ~에 참가하다
- 파) entrance 명 입구, 입장
  entry 명 입장하는 일, 가입
- enter a room 방 안에 들어가다

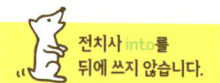 전치사 into를 뒤에 쓰지 않습니다.

foreign
[fɔ́(ː)rən]

형 ① 외국의 ② 이질적인
- 파) foreigner 명 외국인
- a foreign language 외국어

habit
[hǽbit]

명 버릇, 습관
- 유) custom 명 (사회 안의) 습관, 관습

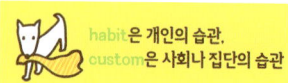 habit은 개인의 습관, custom은 사회나 집단의 습관

My dog likes to
collect stuffed animals.
우리 개는 봉제 동물 인형을 모으는 것을
좋아한다.

My house is in a convenient area,
and we have a park next to it.
우리 집은 찾기 쉬운 위치에 있으며, 공원도 가깝다.

"Please bark before you enter."
들어오기 전에는 짖어 주세요.

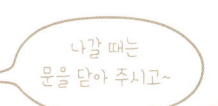

I would like to go to
a foreign country.
저는 외국에 가고 싶어요.

Each dog has
different habits.
개마다 각기 다른 습관이 있다.

healthy
[hélθi]

- 형 ① 건강한, 건전한
- ② 몸에 좋은 (=healthful)
- 파 health 명 건강
- 반 unhealthy 형 건강에 안 좋은
- healthy food 몸에 좋은 식품

truth
[trúːθ]

- 명 사실, 진실
- 파 true 형 진실의, 진정한
- to tell (you) the truth
  사실을 말하면

cover
[kʌ́vər]

- 동 ① ~를 씌우다, 가리다 ② ~를 포함하다
- 명 ① 덮개, 커버 ② (책 등의) 표지
- cover A with B A를 B로 씌우다

damage
[dǽmidʒ]

- 동 ~에 손해를 입히다, ~에 손상을 주다
- 명 손해, 손상
- cause[do] damage to ~
  ~에 손해를 입히다

강세 주의!

exchange
[ikstʃéindʒ]

- 동 ~를 교환하다, 바꾸다
- 명 ① 교환 ② 환전
- exchange A for B A와 B를 교환하다

We need to walk more to stay healthy.
우리는 건강을 유지하기 위해 더 걸을 필요가 있다.

나는, 건강하니까!

The truth is I ate the food on the table.
사실은 제가 식탁 위에 있던 음식을 먹어 버렸습니다.

아... 지금 드시는 토마토...
아까 제가 하나 먹었어요.

I tried to cover myself with a cloth, but my tail was sticking out.
천으로 제 몸을 감추려고 했지만 꼬리가 튀어 나와 있었습니다.

제가 서쪽을 보면
꼬리도 서쪽을 향한답니다!

I didn't mean to damage the carpet.
카펫을 손상시킬 의도는 아니었어요.

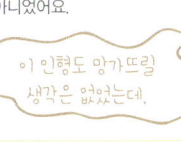

이 인형도 망가뜨릴
생각은 없었는데.

이 목걸이와
교환할래요?

To show my friendship,
I will exchange collars with you.
나의 우정을 나타내기 위해 당신과 목걸이를 교환할게요.

그거 목걸이
아닌데...

115

favor
(英) favour
[féivər]

- 명 ① 호의, 호감 ② 소원
- 동 ① 찬성하다 ② ~를 선호하다
  - 파> favorable 형 호의적인, 편리한
  - favorite 형 가장 좋아하는 명 마음에 드는 것
  - in one's favor ~의 마음에 드는
  - in favor of ~ ~에 가담하여, 찬성하여

figure
[fígjər]

- 명 ① 모양 ② 모습 ③ 인물 ④ 도형 ⑤ 숫자
- 동 ~라고 생각하다
  - figure out ~를 생각해 내다

force
[fɔ́:rs]

- 동 억지로 ~시키다
  - 유> compel 동 강제적으로 ~하게 하다
- 명 힘, 군대
  - 유> power 명 힘
  - force A to do A에게 억지로 ~하게 하다

judge
[dʒʌ́dʒ]

- 명 ① 재판관 ② 심판
- 동 ① ~를 판단하다 ② ~를 재판하다
  - 파> judgment 명 판단(력)
  - judging from ~ ~로 판단하면

proud
[práud]

- 형 자랑하는 (여), 자존심이 있는
  - 파> pride 명 자랑, 자부심
  - proudly 부 자랑스럽게
  - be proud of ~ ~를 자랑스럽게 여기다

발음 주의!

Could you do me a favor?
I want to stay inside the house.
부탁 하나 들어주시겠어요? 나는 집 안에 있고 싶어요.

The cute model dog has a great figure.
그 귀여운 모델 견은 몸매가 아주 뛰어나다.

Please don't force me to bark.
저에게 짖으라고 강요하지 마세요.

I can judge my owner's feelings.
나는 주인님의 기분을 판단할 줄 안다.

I'm proud of my tail hair.
나는 내 꼬리털이 자랑스럽다.

rude
[rúːd]

형 무례한, 버릇없는, 촌스러운
- 파> rudeness 명 무례함
- rudely 부 예의 없이
- 유> impolite 형 무례한
- It is rude of A to do.
  A가 ~하는 것은 무례한 일이다

suit
[súːt]

통 ~가 잘 어울리다, ~하기에 딱 맞다
명 ① 슈트 ② 소송
- 파> suitable 형 적합한

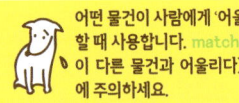
어떤 물건이 사람에게 '어울리다'라고 할 때 사용합니다. match(어느 물건이 다른 물건과 어울리다)와의 차이에 주의하세요.

treat
[tríːt]

통 ① ~를 다루다 ② ~를 치료하다
명 한턱내기
- 파> treatment 명 취급, 치료(법)
- This is my treat. 이것은 제가 사 줄게요.

achieve
[ətʃíːv]

통 ① ~를 해내다, 달성하다
② ~를 완성하다
- 파> achievement 명 달성, 업적
- 유> attain 통 (목적·희망)을 달성하다
- achieve one's goal 목표를 달성하다

Don't be rude to other dogs.
다른 개들에게 무례하게 굴지 마라.

I guess the tie suits me.
이 넥타이는 나에게 잘 어울리는 것 같아요.

Don't treat me like a cat!
저를 고양이 취급 하지 마세요!

I believe dogs have achieved more than cats have.
나는 개가 고양이보다 더 많은 일을 달성해 왔다고 믿는다.

🐾 애견가를 위한 명언   Part 1

Money can buy you a pretty good dog but it can't buy the wag of his tail.

돈으로 꽤 좋은 개를 살 수는 있지만,
돈으로 개의 꼬리를 흔들게 할 수는 없다.
―미국의 작가 조쉬 빌링스(Josh Billings)

🐾 개도 인간도 돈으로 마음을 살 수는
없나 봅니다.

My goal in life is to be as good of a person my dog already thinks I am.

내 인생의 목적은
나의 개가 이미 그렇다고 생각하고
있는 것처럼 좋은 사람이 되는 것이다.
―작자 미상

🐾 자신의 개의 좋은 주인이 되면
좋은 인간으로 성장할 수 있습니다.

The dog wags his tail, not for you, but for your bread.

개가 꼬리는 흔드는 것은 당신을 위해서가 아니라
당신이 가지고 있는 빵을 위해서이다.
―포르투갈 속담

🐾 개는 당신을 빵을 주는 친절한 인간으로만
알고 있을지도 모릅니다.

If you pick up a starving dog and make him prosperous, he will not bite you. This is the principal difference between a dog and a man.

당신이 배가 고픈 개를 데려와 배부르게 해 주면 그 개는 결코 당신을 물지
않는다. 이것이 개와 인간 사이의 주요한 차이점이다.
―미국의 작가 마크 트웨인(Mark Twain)

🐾 사람은 '은혜를 원수로 갚을 때'도 있지만,
개는 꼭 은혜로 갚아 줄 겁니다.

제2장

낮잠을 자면서 외우는
영단어

지금은 수면 학습 중!

역시~
개 팔자가
상팔자~♪

seem
[síːm]

통 ~처럼 보이다, ~인 것 같다, ~라고 생각되다 (to do, that)
유> look, appear 통 ~처럼 보이다
- A seem(s) to do
  = It seems (that) A do
  A가 ~하는 것처럼 보이다

author
[ɔ́ːθər]

명 저자, 작가

recent
[ríːsnt]

형 최근의, 요즘의
파> recently 부 최근, 요즘

주로 명사 앞에 쓴다.

revolution
[revəlúːʃən]

명 ① 혁명 ② 회전, 공전(公轉)
파> revolve 통 회전하다, ~를 회전시키다
revolutionary 형 획기적인, 혁명적인
- the French Revolution 프랑스 혁명

'지금까지의 상황을 회전시키다(revolve)'에서 revolution은 '혁명'이라고 기억합시다.

publish
[pʌ́bliʃ]

통 ① ~를 출판하다, 발행하다
② ~를 공표하다
파> publication 명 출판(물)

Shaking hands with humans
is much more difficult than it seems.

사람들과 악수하는 것은 보기보다 훨씬 더 어려워요.

The author's most recent book,
"The Dog Revolution,"
was published last week.

그 저자의 최신간인 '개의 혁명'이 지난주에 출간되었다.

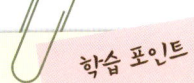

학습 포인트

어휘력 강화 학습법

이 책의 본문에도 소개하고 있지만 단어를 학습할 때 보다 효율적인 암기 방법이 몇 가지가 있습니다. 다만 명심해야 할 것은 그런 방법이 사람에 따라, 그리고 같은 사람이라도 학습단계에 따라 달라진다는 것입니다. 이것을 모르면 '시험에서 높은 점수를 얻는 사람은 마법과 같은 방법으로 공부하고 있을 것'이라고 생각하게 되지만, 사실 높은 점수를 얻는 사람은 자신의 단계에 맞게 여러 가지 암기 방법을 함께 사용하고 있습니다.

although
[ɔːlðóu]

접 비록 ~이긴 하지만, 그러나, 하지만

유> (even) though 접 ~하지만

bored
[bɔ́ːrd]

형 (사람이) 지루해하는, 따분해하는

🦴 be bored 지루해하고 있다

> "I am boring."이라고 하면 "저는 지루한 (재미없는) 사람입니다."라는 뜻이 되니 주의하세요.

pretend
[priténd]

동 ~인 척하다, ~인 것처럼 굴다

파> pretense 가식

🦴 pretend to do ~하는 척하다

eager
[íːgər]

형 ① 열렬한, 간절히 바라는
② 열심인

파> eagerness 열심

🦴 be eager to do 간절히 ~하고 싶어 하다

nod
[nád]

동 끄덕이다, 고개를 끄덕이다
명 끄덕임

> 과거·과거분사는
> nodded

realize
[ríː(ː)əlaiz]

동 ① ~를 인식하다, 이해하다 (that)
② ~를 실현하다

파> real 실물의, 진짜

Although the dog was bored, he pretended to be eager to nod to his owner.

그 개는 지루했지만 주인에게 열심히 고개를 끄덕이는 척했다.

People should realize right now that it does not make a big difference whether you name your dog "Lassie" or "Lucky."

사람들은 개 이름을 '래시'라고 짓든 '럭키'라고 짓든 큰 차이가 없다는 것을 즉시 깨달아야 한다.

object
- 명 [ábdʒikt]
- 통 [əbdʒékt]

명 ① 물건, 물체 ② 목적 ③ 대상
통 ~에 반대하다 (to ~ing)
- 파> objective 형 객관적인
- objection 명 반대
- 유> oppose 통 ~에 반대하다

 강세 주의!

cost
[kɔ́(ː)st]

통 (~라는 금액이) 들다, (비용이) 필요하다
명 비용
- at any cost 어떤 일이 있어도, 반드시

 동사 활용은, cost – cost – cost

replace
[ripléis]

통 ① ~를 대신하다 ② ~를 교체하다
- 파> replacement 명 교대
- replace A with[by] B A를 B로 교체하다

dirty
[də́ːrti]

형 더러운, 지저분한
- 반> clean 형 청결한, 깨끗한

sense
[séns]

명 ① 감각 ② 의미
통 ~를 느끼다
- 파> sensitive 형 민감한
- sensible 형 분별이 있는, 철이 든
- make sense 말이 되다, 의미가 통하다

wonder
[wʌ́ndər]

통 ① ~인지 아닌지 궁금하다 ② ~를 신기하게 여기다
명 불가사의, 신기함, 경이
- 파> wonderful 형 훌륭한
- I wonder whether[if] ~   ~인지 아닌지 궁금하다
- No wonder ~   ~인 것도 이상하지 않다[당연하다]

He objected to giving a traditional dog name such as "Baduki" or "Nureongi" to his spaniel.

그는 자신이 키우는 스페니얼종 개에게 '바둑이'나 '누렁이' 같은 전통적인 개 이름을 지어주는 것에 반대했다.

It cost my owner a lot to replace my dirty old collar with a new one.

주인님이 제 낡고 더러운 목걸이를 새것으로 바꾸느라 돈을 많이 쓰셨어요.

It does not make sense to name a dog "Nabi."

개에게 '나비'라는 이름을 지어주는 것은 말이 안 됩니다.

I'm wondering if you could help me dig in the ground.

제가 땅을 파는 것을 도와주실 수 있는지 궁금해요.

제2장 낮잠을 자면서 외우는 영단어

MP3 2-04

expect
[ikspékt]

동 ~를 기대하다, 예상하다
파 expectation 명 예상, 기대
expect A to do A가 ~하기를 기대하다

 좋은 것만이 아니라 나쁜 일을 예상할 때도 사용합니다.

depend
[dipénd]

동 ~에 의존하다, 의지하다, 신뢰하다 (on, upon)
파 dependent 형 의지하고 있는
유 reply on[upon] 동 ~에 의존하다
depend on[upon] ~ ~에 의존하다
That depends. 그것은 사정에 따라 다를 수 있다.

 rely와 비교할 때 depend에는 '자기 힘으로 어쩔 수 없어서 의존한다'라는 어감이 있습니다.

therefore
[ðéərfɔ:r]

부 그러므로, 그러니
유 so 부 접 그래서, 그러니까

tough
[tʌf]

형 ① 강인한 ② 튼튼한 ③ 힘든, 어려운
반 tender 형 부드러운

 발음 주의!

prefer
[prifə́:r]

동 ~를 선호하다
파 preference 명 취향, 선호함
prefer A to B B보다 A를 선호하다

 prefer A than B라고 하지 않으니 주의.

128

Owners are expected to clean up their dogs' droppings.

개 주인들은 개의 배설물을 치워야 한다.

Blind people depend on guide dogs.
Therefore, the training for such dogs is very tough.

시각 장애인들은 맹인안내견에게 의존한다. 따라서 그런 개들의 훈련은 몹시 엄격하다.

I prefer you to stop stroking my back.

내 등을 그만 쓰다듬으면 좋겠어.

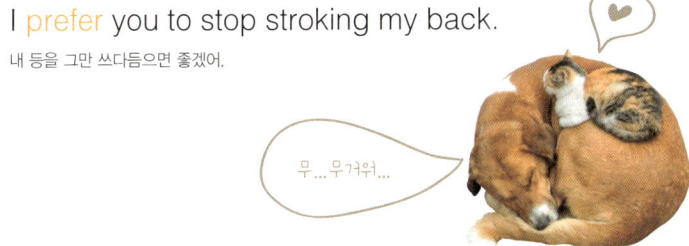

likely
[láikli]

- 형 ① ~할 공산이 있는 ② ~할 것 같은
- 부 아마
  - be likely to do ~할 것 같다

widely
[wáidli]

- 부 넓게, 크게
  - 파> wide 형 폭이 넓은
  - widen 동 ~를 넓히다, 넓어지다
  - width 명 넓이

fail
[féil]

- 동 실패하다 (in), ~를 잘못하다 (to do)
- 명 실패
  - 파> failure 명 실패
  - 반> succeed 동 성공하다
  - fail to do ~하는 것에 실패하다
  - not[never] fail to do 반드시 ~하다
  - without fail 꼭, 반드시

persuade
[pərswéid]

강세 주의!

- 동 ~를 설득하다, 설득해서 ~하게 하다
  - 파> persuasion 명 설득
  - 유> convince 동 ~를 납득시키다
  - persuade A to do A를 설득해서 ~하게 하다
  - persuade(= talk) A into B
    A를 설득해서 B를 하게 하다

attitude
[ǽtətjuːd]

- 명 태도, 마음가짐

upset
[ʌpsét]

- 동 ~를 속상하게 만들다
- 형 속상한

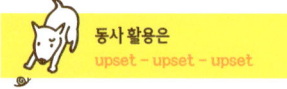

동사 활용은
upset - upset - upset

It is widely believed that female dogs are less likely to bark than males.

암캐가 수캐보다 덜 짖는다고 널리 알려져 있다.

I heard that Pochi tried to persuade his owner to give him more food, but once again he failed.

포치는 더 많은 먹이를 달라고 주인을 설득하려 애썼지만, 또다시 실패했다고 한다.

My dog's rude attitude completely upset me.

우리 개의 무례한 태도 때문에 나는 매우 속상했다.

behavior
(英) behaviour
[bihéivjər]

명 행동, 태도, 행위
- 파> behave 동 행동하다
- 유> act 명 행동, 행위

necessary
[nésəseri]

 강세 주의!

형 필요한, 필연적인
- 파> necessity 명 필연(성)
  necessarily 부 반드시, 꼭
- It is necessary for A to do
  = It is necessary that A (should) do
  A가 ~하는 것이 필요하다

average
[ǽvəridʒ]

발음, 강세 주의!

명 평균
형 평균적인
- on (the[an]) average 평균적으로 보면

야구의 타율이 높은 타자를
high average hitter라고 합니다.

temperature
[témpərətʃər]

명 ① 온도 ② 체온
- take one's temperature ~의 체온을 재다

region
[ríːdʒən]

명 지방, 지역
- 파> regional 형 지방의
- 유> area 명 지역

It is a very natural behavior for dogs to bark at strangers.

낯선 사람을 보고 짖는 것은 개에게 아주 자연스러운 행동이다.

If you have a dog, it is necessary for you to take him for a walk every day.

개를 키운다면 매일 개를 데리고 산책을 가야 한다.

The average temperature of this region is between 5°c and 7°c.

이 지역의 평균 기온은 섭씨 5도에서 7도 사이입니다.

개와 관련된 영어 표현

dog days

'한여름 날[삼복더위]'을 가리키는 말입니다. 큰개자리 안에서 가장 밝은(지구에서 태양 다음으로 가장 밝게 보이는) 항성인 천랑성(天狼星)이 영어로 'the dog star'라고 불리는 것에서 유래하였습니다. 한편 이와 같이 '개'를 사용한 어구 중에서 '개'는 나쁜 의미를 나타내는 경우가 많아, '(일이) 잘되지 않은 시기'라는 의미로도 사용합니다.

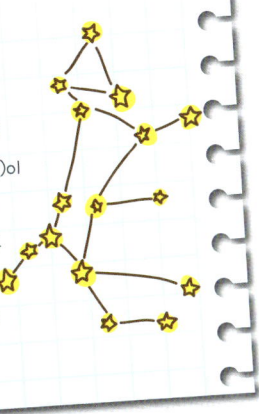

progress
명 [prágres]
동 [prəgrés]

명 진보, 발전, 전진
동 전진하다, 진보하다
- in progress 진행 중인
- make progress 진보하다

강세 주의!

---

request
[rikwést]

동 ~를 의뢰하다, 요구하다
명 요구, 요청
- request A to do A에게 ~해달라고 의뢰하다

---

value
[vǽljuː]

명 ① 가치 ② 가격
동 ~를 평가하다
- 파> valuable 형 귀중한
- of value 가치가 있는

---

vary
[véəri]

동 변화하다, 달라지다
- 파> variety 명 다양성
- various 형 다양한
- variable 형 변하기 쉬운
- vary in ~ ~에 관해서 다르다

very(아주)와 다르니 스펠링 주의!

---

major
[méidʒər]

형 ① 더 큰 편의 ② 주요한
명 전공
동 전공하다 (in)
- 파> majority 명 대다수
- 반> minor 형 더 작은 편의

모두 다 잘 아시는 major league의 major입니다.

---

minor
[máinər]

형 ① 더 작은 편의 ② 중요하지 않은
명 ① 부전공 ② 미성년자
- 파> minority 명 소수(파)
- 반> major 형 더 큰 편의
- minor issue 중요하지 않은 문제

I am making progress in regards to requesting my owner to take me for a walk.

저는 산책에 데려가 달라고 주인님께 부탁하는 일에 점점 더 진전을 보이고 있어요.

The value of a dog as a pet varies from one culture to another.

애완동물로서 개의 가치는 각 문화마다 다르다.

I majored in politics at university.
My minor was dog psychology.

저는 대학교에서 정치학을 전공했습니다. 제 부전공은 개 심리학이었습니다.

왕! 포인트 레슨

어원으로 기억하는

grad
gress

grad/gress는 '걷다, 단계'라는 뜻입니다. gradation(단계), grade(성적, 학년)등은, 한국어로도 친숙하지요. gradual은 「glad(단계) + al(형용사)」이므로 '서서히 일어나는', progress는 「pro(앞으로) + gress(나아가다)」이므로 '진보', aggressive는 「ag(~방향으로) + gress(나아가다) + ive(형용사)」이므로 '공격적인'이라는 뜻이 됩니다.

represent
[repríźent]

통 ① ~를 대표하다 ② ~를 가리키다, ~를 표현하다
파〉 representative 형 대표적인
　　　　　　　　　　명 대표자

diet
[dáiət]

명 ① 일상적인 음식물 ② 다이어트 ③ 국회
　go on a diet 다이어트를 하다

 the Diet는 덴마크·스웨덴·일본의 '국회'

actually
[ǽktʃuəli]

부 실제로, 사실
파〉 actual 형 현실의

consider
[kənsídər]

통 ① ~를 고려하다, 잘 생각하다 ② ~라고 보다
파〉 consideration 명 고려
　consider A (to be) B
　consider A as B
　A를 B라고 보다

extraordinary
[ikstrɔ́:rdneri]

형 ① 이상한 ② 놀라운
반〉 ordinary 형 보통의

 발음 주의!

import
통 [impɔ́:rt]
명 [ímpɔ:rt]

통 ~를 수입하다
명 수입(품)
파〉 export 명 통 수출(하다)
　import A from B A를 B에서 수입하다

 발음 주의!

 'import brand'는 해외에서 수입된 고급 명품입니다.

I plan to run for office in the next election because
I do not think the opinions
of dogs are well represented
in the Diet.

개들의 의견이 국회에 제대로
반영되고 있다고 생각하지 않기 때문에
나는 다음 선거에 출마할 계획이다.

Actually, I consider myself to be an extraordinary dog.
Some day, I will probably appear on the TV program
"Today's Doggie."

사실, 저는 제가 비범한 개라고 생각해요. 언젠가는 아마 '오늘의 멍멍이'라는 TV 프로그램에 출연하지 않을까 싶어요.

A new brand of imported
dog food is now on sale.
Would you like a bite?

새로운 브랜드의 수입 개 사료를 지금 할인 중입니다.
한 번 드셔 보시겠어요?

nervous
[nə́:rvəs]

형 ① 신경이 과민한, 초조해하는 ② 신경의
- 파〉 nervously 부 신경질적으로
- nerve 명 신경
- feel nervous about ~
  ~에 관해 불안을 느끼다

psychologist
[saikάlədʒist]

명 심리학자
- 파〉 psychology 명 심리학

 발음 주의!

 이 외에 biology(생물학), geology(지질학) 등 어미로 -logy를 써서 학문 분야를 가리키는 말들이 있습니다.

process
[práses]

명 과정, 경과, 수속
동 ~를 처리하다
- 파〉 proceed 동 계속하다, 진행하다
- in (the) process of ~   ~의 진행 중에

recognize
[rékəgnaiz]

동 ① ~를 인정하다 ② ~라고 알다, 알아보다
- 파〉 recognized 형 공인된
- recognize A as[to be] B
  A를 B라고 인정하다

강세 주의!

 「re(다시) + cognize(알다) = 인식하다」
자기가 직접 본 것을 책 등으로 다시(re)
확인할 때 '인식'이 됐다고 합니다.

The dog felt very nervous knowing
that he would become
the pet of the governor.

그 개는 자신이 도지사의 애완견이 될 것이라는 사실을 알고
몹시 긴장했다.

Psychologists are trying hard to understand how human
language is processed inside a dog's brain.

심리학자들은 인간의 언어가 개의 뇌 속에서 어떻게 처리되는지를 이해하려고 열심히 노력하고 있다.

Did you get your hair cut?
I didn't recognize you, Perro !

머리 잘랐어요? 누군지 못 알아봤어요, 페로!

제2장 낮잠을 자면서 외우는 영단어

MP3 2-10

weight
[wéit]
- 명 무게, 체중, 중량
  - 파 weigh 동 ~의 무게를 재다, ~라는 무게가 나가다

gain
[géin]
- 동 ① ~를 얻다, 입수하다 ② ~를 늘리다
- 명 이익
  - 반 lose 동 ~를 잃다
  - loss 명 손실
  - gain[lose] weight 체중이 늘다[줄다]

expert
[ékspə:rt]
- 명 전문가
- 형 숙련된
  - be (an) expert in[at] ~ing
  - ~하는 데에 숙련되어 있다

warn
[wɔ́:rn]
- 동 ~에 경고하다, 주의를 환기하다 (against)
  - 파 warning 명 경고

fat
[fǽt]
- 형 ① 뚱뚱한, 살찐 ② 비옥한
- 명 지방
  - 반 thin 형 마른

accept
[əksépt]
- 동 ① ~을 받아들이다 ② ~을 감내하다
  - 파 acceptance 명 받아들임, 승인
  - 반 decline, reject, refuse 동 ~를 거절하다
  - accept A as B A를 B로 인정하다

My dog has gained weight recently, and the expert warned me that she is too fat.

우리 개가 요즘 살이 쪘는데,
전문가가 비만이라고 내게 경고해주었다.

개와 관련된 영어 표현

Beware of dog

'맹견 주의'라는 뜻으로 인간에게 위해를 가할 가능성이 있는 개가 있다는 것을 알려주는 표시입니다.
'beware of ~'는 '~을 조심하다'라는 뜻의 표현입니다.

The dog found it hard to accept his owner's proposal to cut down on the amount of dog food.

그 개는 사료의 양을 줄이자는 주인의 제안을
받아들이기 힘들었다.

제2장 낮잠을 자면서 외우는 영단어

MP3 2-11

affect
[əfékt]

동 ~에게 영향을 주다

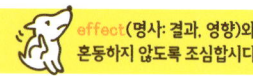 effect(명사: 결과, 영향)와 혼동하지 않도록 조심합시다.

brain
[bréin]

명 ① 뇌 ② 두뇌

character
[kǽrəktər]

명 ① 성격, 성질 ② 특징 ③ (등장) 인물
파 characteristic 형 특유의 명 특징

 강세 주의!

 등장인물을 '캐릭터'라고 부를 때가 많습니다.

certain
[sə́ːrtn]

형 ① 확실한 (that) ② 반드시 ~하는 (to do)
③ 일정한, 어떤 ~
파 certainly 부 틀림없이, 분명히
for certain 틀림없이
make certain 확인하다

offer
[ɔ́ːfər]

동 ~를 제공하다, 제안하다
명 제안
offer to do (기꺼이) ~해 주겠다고 하다

It is often reported that watching television affects the development of both the brain and the character of puppies.

TV를 보는 것은 강아지의 뇌와 성격 양쪽 모두의 발달에 영향을 미친다고 종종 보고된다.

I'm certain that Chihuahuas will not be popular soon.

나는 치와와의 인기가 곧 없어질 것이라고 확신한다.

We are offering free champagne to dogs on board.

탑승해 주신 개 손님들께 무료로 샴페인을 제공해 드립니다.

theory
[θí(:)əri]

명 이론, 학설
반 practice
명 동 실천(하다), 연습(하다)

apply
[əplái]

동 ① 신청하다
② ~에 적응하다, 응용하다, ~를 적용시키다
파 application 명 신청, 응용
appliance 명 기구
apply A to B   A를 B에 적용하다

approach
[əpróutʃ]

동 ① ~에 접근하다   ② ~에 착수하다
명 ① 접근   ② 방법

beg
[bég]

동 ① ~에게 간청하다, 애원하다   ② 원하다
beg A to do   A에게 ~해 달라고 부탁하다

alarm
[əlá:rm]

명 동 ① 자명종, 경고음
② 경보(를 발하다)
a fire alarm   화재경보, 화재경보기

concerned
[kənsə́:rnd]

형 ① 관계된
② ~를 걱정하고 있는 (about, over)
파 concern 명 관심사, 관계
동 ~에 관계가 있다
as far as ~ be concerned
~에 관한 한

A theory that applies to dogs does not necessarily hold true for humans.

개에게 적용되는 이론이 반드시 인간에게도 적용되는 것은 아니다.

I approached the person to beg for food.

나는 먹을 것을 구걸하기 위해 그 사람에게 접근했다.

I set the alarm clock for 7:00 a.m., but it didn't go off.

자명종을 오전 7시에 맞춰놨는데 소리가 안 울렸다.

Today people are more and more concerned about environmental issues.

오늘날, 사람들은 환경문제에 더욱더 관심을 기울이고 있다.

familiar
[fəmíljər]

- 형 ① 잘 아는 (with), 익숙해진
  ② 친숙한
  - be familiar to ~ ~에게 잘 알려지다
  - be familiar with ~ ~에 정통하다

familiar friend는 family처럼 친한 친구라고 기억하세요.

---

blood
[blʌ́d]

- 명 피, 혈액
  - blood donation 헌혈

발음 주의!

---

comfortable
[kʌ́mfərtəbl]

- 형 쾌적한, 기분이 좋은
  - 파 comfort 명 쾌적함
  - 동 ~를 위로하다

---

freedom
[fríːdəm]

- 명 자유
  - 파 free 형 자유로운 동 ~를 해방시키다
  - 유 liberty 명 자유
  - freedom from ~ ~로부터의 자유

---

contrast
명 [kɑ́ntræst]
동 [kəntrǽst]

- 명 정반대의 것, 대조
- 동 ~를 대조시키다, 대비시키다

강세 주의!

That big fat dog is familiar
to all the neighbors.

저 덩치가 큰 살찐 개는 모든 이웃 사람들에게 친숙하다.

High and low blood pressure
can lead to significant illness.

고혈압과 저혈압은 중대한 질환으로 이어질 수 있다.

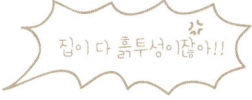
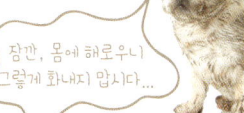

I feel more comfortable when
I have the freedom to wag
my tail.

저는 꼬리를 자유롭게 흔들 수 있을 때 더 편안해요.

The color of the spots on that dog's body sharply
contrasts with those of to
other parts.

그 개의 몸에 있는 반점의 색깔은
다른 부분과 현저한 대비를
이루고 있다.

제2장 낮잠을 자면서 외우는 영단어

MP3 2-14

suppose
[səpóuz]

- 통 ~라고 생각하다, ~라고 가정하다 (that)
  - 파 supposing 접 ~라고 가정하면
  - be supposed to do ~하기로 되어 있다

'만약 ~라면'이란 뜻으로 if처럼 사용될 때도 있습니다.

dare
[déər]

- 통 조 감히 ~하다, ~할 엄두를 내다 (to)
  - I dare say (that) ~ 아마 ~일 것이다

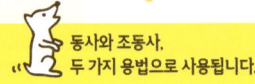
동사와 조동사, 두 가지 용법으로 사용됩니다.

unless
[ənlés]

- 접 ~가 아닌 한, 만약 ~가 아니라면 (= if … not)

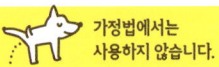
가정법에서는 사용하지 않습니다.

basic
[béisik]

- 명 형 기초(의), 기본적인
  - 파 basis 명 기초

structure
[strʌ́ktʃər]

- 명 구조, 조직

gene
[dʒíːn]

- 명 유전자
  - 동 jean(s) 명 (복수형으로) 청바지
  - 파 genetic(al) 형 유전적인

preserve
[prizə́ːrv]

- 통 ~를 보존하다, 유지하다
  - 파 preservation 명 보존, 보호
  - preserve A from B A를 B로부터 보호하다

Let's suppose you were a human. Would you dare to have a dog?

만약 네가 사람이라고 가정해보자. 너는 개를 키울 엄두가 나겠니?

I will not shake hands unless you give me back that bone!

내게 그 뼈다귀를 돌려주지 않는다면 악수하지 않을 거예요!

The basic structure of a gene is generally preserved over many millions of years.

유전자의 기본 구조는 일반적으로 수백만 년 동안 유지된다.

어원으로 기억하는

pose
posit

pose, posit에는 '두다'라는 뜻이 있습니다. pose는 '놓인 모습'이니 '포즈, 자세', pause는 '한 박자에 두는 것'으로 '잠시 멈추다', propose는 「pro(앞으로) + pose(두다)」이므로 '제안하다', expose는 「ex(밖으로) + pose(두다)」이므로 '노출시키다', purpose는 「pur(=pro, 앞으로) + pose(두다)」이므로 '앞에 두고 향하다'라는 뜻의 '목적', suppose는 「sup(밑에) + pose(두다)」로 '검토 대상에 두다'라는 의미를 가진 '가정하다, 생각하다'라는 뜻이 됩니다.

제2장 낮잠을 자면서 외우는 영단어

MP3 2-15

calm
[kάːm]
- 형 차분한, 평온한, 조용한
- 동 ~를 진정시키다
  - 🦴 calm down ~를 진정시키다

extreme
[ikstríːm]
- 형 극단적인, 극심한
- 명 극단
  - 파> extremely 부 극단적으로, 아주
  - 🦴 go to extremes 극단적인 행동을 하다

choice
[tʃɔ́is]
- 명 선택(의 자유)
  - 파> choose 동 ~를 고르다
  - 🦴 of one's (own) choice 자신이 선택한

classical
[klǽsikl]
- 형 고전적인, 고전의
  - 파> classic 명 고전 형 고전적인
  - 🦴 classical music 클래식 음악

contain
[kəntéin]
- 동 ~를 포함하다

> 물건을 넣는 '컨테이너'는 container(용기)에서 유래된 말.

access
[ǽkses]
- 명 ① 이용 ② 액세스 ③ 접근
- 동 ~에 접근하다
  - 파> accessible 형 손에 닿는

강세 주의!

I was trying to stay calm, but one look at the dog food excited me to the extreme.

저는 차분함을 유지하려고 노력했지만
사료를 한번 쳐다보고는 극도로 흥분해버렸어요.

I had no choice but to listen to classical music which didn't contain any barks.

나는 개 짖는 소리가 안 나오는 클래식 음악을 들을 수밖에 없었다.

There is a dog run within easy access of my house.

우리 집에서 쉽게 갈 수 있는 곳에 애견 전용 놀이터가 있어요.

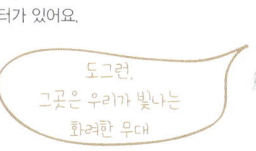

addition
[ədíʃən]

- 명 ① 추가 ② 더하기
- 파> add 동 ~를 추가하다
- additional 형 추가의
- in addition (to ~) 더하여, ~에 추가하여

serve
[sə́:rv]

- 동 ① (어떤 사람을 위해) 일하다, 봉사하다
  ② (음식을 상에) 차려 주다
  ③ (직무·임기·형기)를 임하다
  ④ ~에 도움이 되다
  ⑤ (스포츠에서) 서브하다
- 파> service 명 봉사, 서비스
- serve A (with) B A에게 B(음식물)를 차려주다

frequently
[frí:kwəntli]

- 부 흔히, 빈번하게
- 파> frequent 형 빈번한
- 유> often 부 흔히

personal
[pə́rsnl]

- 형 개인의, 개인적인
- 파> person 명 인간
- 반> common 형 공유의, 공통된
- 유> private 형 사적인

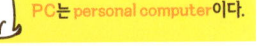
PC는 personal computer이다.

attempt
[ətémpt]

- 동 ~를 시도하다, 도모하다 (to do)
- 명 시도, 도모
- attempt to do ~하려고 시도하다

avoid
[əvɔ́id]

- 동 ~를 피하다, 회피하다 (~ing)
- 파> avoidance 명 회피

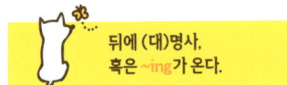
뒤에 (대)명사, 혹은 ~ing가 온다.

I am extremely happy when my owner serves me steak in addition to dog food.

주인님이 사료에 스테이크를 추가해서 차려 주실 때 저는 매우 행복해요.

That dog appears on TV very frequently because he can do many amazing tricks.

그 개는 훌륭한 재주를 많이 부릴 수 있기 때문에 TV에 자주 나온다.

You want to know where my territory is? Sorry, but I can't answer such a personal question.

제 영역이 어디인지 알고 싶다고요?
죄송하지만, 그런 개인적인 질문에는 답할 수 없습니다.

I sometimes attempt to avoid my duty to bark at strangers.

저는 가끔 낯선 사람에게 짖어야 한다는 의무를 회피하려고 해요.

제2장 낮잠을 자면서 외우는 영단어

MP3 2-17

despite
[dispáit]

전 ~에도 불구하고
유 in spite of ~ 전 ~에도 불구하고

---

totally
[tóutəli]

부 완전히, 모두
파 total 명 형 전체적(인), 총계(의)

---

remind
[rimáind]

동 ~에게 생각나게 하다
remind A of B A에게 B를 상기시키다

「re(다시) + mind(마음)」이므로 '다시 마음으로 불러오다', 즉 '상기시키다'라고 기억합시다.

---

admit
[ədmít]

동 ① ~를 인정하다 ② ~에 들어갈 것을 허용하다
파 admission 명 입장[입학] 허가
반 deny 동 ~를 부정하다
admit (to) ~ing ~한 것을 시인하다

---

refuse
[rifjúːz]

동 ~를 거절하다, 거부하다
파 refusal 명 거부
유 decline 동 ~를 거절하다
refuse to do ~하기를 거부하다

---

anxious
[ǽŋkʃəs]

형 ① 불안해하는, 염려하는 ② 열망하는
파 anxiety 명 불안
be anxious to do ~하기를 열망하다

Despite his claim, the facts showed that it was totally his fault.

그의 주장에도 불구하고,
사실은 그것이 완전히 그의 실수였다는 것을 보여준다.

Watching your tail reminds me of my grandmother.

당신의 꼬리를 보니 우리 할머니가 생각나요.

He refused to admit his mistake.

그는 자신의 실수를 인정하는 것을 거부했다.

I feel anxious about the result of the examination.

저는 시험 결과가 걱정돼요.

conclude
[kənklúːd]

동 ① ~를 끝내다 ② 결론을 내리다
파> conclusion 명 결론
conclude that ~ ~라는 결론을 내리다

unlike
[ʌnláik]

전 ~와 다른
형 닮지 않은, 다른
반> like 전 ~와 닮은

dislike(싫어하다)와 혼동하지 마세요.

highly
[háili]

부 높이, 크게, 대단히
파> high 형 높은 부 높이

위치나 장소가 아니라, 정도가 높은 것을 뜻합니다.

praise
[préiz]

동 ~를 칭찬하다
명 칭찬
유> admire 동 칭찬하다
praise A for B B에 관해서 A를 칭찬하다

suspect
동 [səspékt]
명 [sʌ́spekt]

동 ① ~를 의심하다 ② ~인가 생각하다
명 용의자
파> suspicion 명 의심
suspect that ~ ~가 아닌가 생각하다

doubt that ~ '~가 아닐 것이라고 생각하다'이므로 suspect that과 구별됩니다.

hesitate
[héziteit]

동 주저하다, 망설이다
파> hesitation 명 망설임
hesitate to do ~하기를 망설이다

We concluded that dogs could not live on rice.
우리는 개가 밥만으로는 살아갈 수 없다는 결론을 내렸다.

Unlike cats, dogs are very friendly to humans.
고양이와 달리 개는 사람들에게 매우 다정하다.

The dog was highly praised for catching the suspect.
그 개는 용의자를 잡았기 때문에 크게 칭찬을 받았다.

학습 포인트

음독

단어를 외울 때 음성을 이용하십니까? 영어 단어를 기억할 때 음성이 아주 중요한 요소가 됩니다. 조용히 종이에다가 단어를 몇 번이나 적는 것보다 소리를 내어 외우는 것이 효율적입니다. 발음을 듣거나 자신이 스스로 발음해서 단어를 외우는 방법을 꼭 실천합시다.

If it was not convenient for my owner, I would hesitate to ask for a walk.
만약 주인님이 편하시지 않다면, 저는 산책 가자고 부탁하기 망설여질 거예요.

제2장 낮잠을 자면서 외우는 영단어

MP3 2-19

seldom
[séldəm]

🔹 부 좀처럼 ~않는, 거의 ~않는
　유> rarely 부 거의 ~않는
　🦴 seldom, if ever 비록 ~한다 해도 극히 드문

aspect
[ǽspekt]

🔹 명 측면, 국면, 양상

include
[inklú:d]

🔹 통 ~를 포함하다
　파> including 전 ~를 포함해서
　반> exclude 통 ~를 제외하다

 강세 주의!

investigate
[invéstigeit]

🔹 통 ~를 조사하다, 신문하다
　파> investigation 명 조사
　유> examine 통 ~를 조사하다

attract
[ətrǽkt]

🔹 통 ~를 끌어들이다, 마음을 끌다
　파> attraction 명 매력, 명소, 명물
　　　attractive 형 매력적인

놀이 공원의 시설은 사람을 끌어들이므로 attraction이라고 합니다.

passive
[pǽsiv]

🔹 형 소극적인, 수동적인, 활발하지 않은
　반> active 형 적극적인, 활발한

form
[fɔ́:rm]

🔹 명 ① 모양, 틀　② 형식
🔹 통 ~를 형성하다
　파> formal 형 정식적인, 형식적인
　유> shape 명 모양 통 ~를 형성하다
　🦴 form A into B = form B from A
　　A로 B를 만들다

Barking dogs seldom bite.

[속담] 짖는 개는 물지 않는다.

개가 나오는 속담

Barking dogs seldom bite.
직역하면 '짖는 개는 좀처럼 물지 않는다.'입니다.
말이 많은 사람은 사실 행동력이 없기 때문에 무서워할 필요가 없다는 속담입니다.

This problem includes various aspects, so we must investigate it carefully.

이 문제는 여러 측면을 포함하고 있으니 우리는 신중하게 조사해야 한다.

Children are often attracted to TV. I'm worried that they have become too used to such passive forms of entertainment.

아이들은 수시로 TV에 빠져든다. 나는 아이들이 이런 수동적인 형태의 오락거리에 지나치게 익숙해지는 것을 염려한다.

제2장 낮잠을 자면서 외우는 영단어

MP3 2-20

avenue
[ǽvənju:]

명 ① (도시의) 거리 ② ~가
유 street 명 가로

direct
[dərékt/dairékt]

동 ① ~를 지시하다 ② ~에게 길을 가리키다
③ ~를 향하다
형 부 똑바로(의), 직접(의)
파 direction 명 지휘, 지시
directly 부 똑바로, 직접적으로
direct A to do A에게 ~하라고 지시하다

connect
[kənékt]

동 ① ~를 잇다, 연결하다
② ~를 연결시켜서 생각하다
파 connection 명 관계, 연결
connect A with[to] B A와 B를 연결하다

select
[səlékt]

동 ~를 고르다
파 selection 명 선택
selective 형 선택적인, 선택 능력이 높은

Let me direct you to the bank. It is on the corner of Fourth Avenue and Center Street.

은행으로 가는 길을 알려드릴게요. 4번가(街)와 센터가(街)가 만나는 곳에 있어요.

What you select to eat is directly connected to your health.

당신이 선택하는 먹거리는 건강과 직접적으로 연관된다.

개와 관련된 영어 표현

doggy bag

doggy bag(개의 먹이 봉지)은 음식점 등에서 먹다가 남은 음식을 가져갈 때 사용하는 봉지를 뜻합니다. 원래 먹다가 남은 음식은 개에게 줄 것이라고 생각한 데서 나온 표현입니다.

하지만 사람이 먹는 음식은 개들에게 해로운 경우가 많기 때문에 먹다 남은 음식을 줄 때는 조심해야 합니다.

제2장 낮잠을 자면서 외우는 영단어

MP3 2-21

correct
[kərékt]

형 올바른, 정확한
동 ~를 정정하다

collect(~를 수집하다)와 혼동하지 맙시다.

furniture
[fə́:rnitʃər]

명 (집합적으로) 가구
🦴 a piece of furniture 가구 한 점

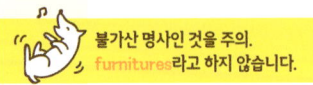
불가산 명사인 것을 주의.
furnitures라고 하지 않습니다.

honest
[ánəst]

형 정직한, 성실한
파 honesty 명 정직
반 dishonest 형 불성실한
🦴 to be honest (with you) 정직하게 말하면

발음 주의!

generation
[dʒenəréiʃən]

명 ① 같은 세대의 사람들, 한 세대 ② 발생
파 generate 동 ~를 발생시키다
🦴 for generations 몇 세대에 걸쳐서

나이 차이, 혹은 세대 차이를
generation gap이라고 합니다.

interrupt
[intərʌ́pt]

동 ~를 방해하다, 중단하다
파 interruption 명 방해
🦴 interrupt A with B A를 B로 방해하다

The quiz was about dogs, but I didn't know the correct answers.
그 퀴즈는 개에 관한 것이었는데 나는 정답을 몰랐다.

To be honest, I want more furniture in my doghouse.
솔직히 말하면, 우리 개집에 더 많은 가구가 있으면 좋겠어요.

This trick has been handed down from generation to generation in my family.
이 묘기는 우리 가문 대대로 전해져오고 있답니다.

Don't interrupt me while I'm eating!
식사 중에는 방해하지 마십시오!

retire
[ritáiər]

동 퇴직하다, 은퇴하다 (from)
- 파> retirement 명 퇴직, 은퇴
- retired 형 은퇴한
- retire from ~ ~에서 은퇴하다

senior
[síːnjər]

형 명 연상의 (사람), 상급의 (사람)
- 반> junior 형 명 연하의 (사람)
- senior to ~ ~보다 연상의

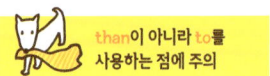
than이 아니라 to를 사용하는 점에 주의

adjust
[ədʒʌ́st]

동 ① ~를 조절하다 ② 순응하다
- 파> adjustment 명 조정, 조절
- adjust A to B B에 맞춰서 A를 조절하다
- adjust oneself to ~ ~에 순응하다

nation
[néiʃən]

명 ① 국가 ② 국민
- 파> national 형 국가의, 국민의
- nationality 명 국적
- 유> country 명 나라

population
[pɑpjəléiʃən]

명 인구
- 파> popular 형 인기가 있는

인구가 '많다', '적다'는 large, small로 표현합니다.

One of the senior dogs will soon retire as a seeing eye dog.

선배 중 하나가 머지않아 맹인안내견에서 은퇴합니다.

Many nations find it difficult to adjust to a growing population.

많은 국가들이 증가하는 인구에 적응하는 것을 어려워한다.

admire
[ədmáiər]

- 동 ~에 감복하다, ~를 칭찬하다
  - 파) admiration 명 감탄
  - 유) praise 동 ~를 칭찬하다

method
[méθəd]

- 명 ① 방법 ② 순서

organize
[ɔ́ːrgənaiz]

- 동 ① ~를 조직하다
  ② ~를 계획하다, 관리하다 ③ 체계화하다
  - 파) organization 명 조직, 조직화
    organ 명 기관, 조직

mark
[máːrk]

- 명 ① 득점, 기호 ② 도장
- 동 ~에 도장을 찍다

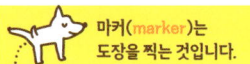
마커(marker)는 도장을 찍는 것입니다.

particular
[pərtíkjələr]

- 형 ① 특별한, 특유의 ② 특정한
  - 파) particularly 부 특히
  - in particular 특히

suggest
[sədʒést]

- 동 ~를 제안하다, 시사하다 (that)
  - 파) suggestion 명 제안
  - suggest that A (should) do
    A에게 ~하면 어떨까 제안하다

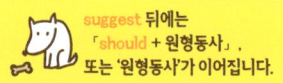
suggest 뒤에는
「should + 원형동사」,
또는 '원형동사'가 이어집니다.

That dog is admired by many people because when his owner fainted, he dialed 119 and saved her life.
그 개는 주인이 기절하자 119에 전화하여 그녀의 목숨을 구했기 때문에 많은 사람들에게 칭찬을 받는다.

Busy TV celebrity dogs have to come up with some methods for organizing their schedules.
바쁜 TV 연예견들은 그들의 스케줄을 관리할 어떤 방법들을 고안해야 한다.

너무 바쁘니까요~
잠자는 시간을 확보하는 것도 어려워요.

눈가의 다크 서클을 가리는 선글라스

I make it a rule to go for a walk every day to mark my territory.
저는 제 영역을 표시하기 위해 매일 규칙적으로 산책을 갑니다.

어떻게 표시를 하느냐고? 숙녀에게 그런 질문은 실례!!

I only eat this particular dog food.
저는 이 특정 사료만 먹어요.

Mr. Amundsen suggested that Taro and Jiro (should) join the Antarctic expedition.
아문젠 씨는 타로와 지로에게 남극 탐험대에 함께 할 것을 제안했다.

남극이래요, 어떻게 해?

제대로 돌아올 수 있을까...?

제2장 낮잠을 자면서 외우는 영단어

MP3 2-24

experiment
[ikspérimənt]

명 동 실험(하다)
파 experimental 형 실험의

indeed
[indíːd]

부 실로, 정말로
유 really 부 정말로
indeed ~, but …
～인 것은 사실이지만, 그러나 …

leisure
[líːʒər]

명 자유시간, 레저, 여가
at leisure 천천히

발음 주의!

opportunity
[àpərtjúːnəti]

명 기회
유 chance 명 기회

situation
[sìtʃuéiʃən]

명 ① 위치, 장소 ② 입장, 처지
유 condition 명 상황

hang
[hǽŋ]

동 ～를 걸다, 매달다
파 hanger 명 옷걸이
hangover 명 숙취, 후유증
hang up 전화를 끊다

활용은
hang - hung - hung

I barked indeed, but it was nothing but an experiment.

내가 짖은 것은 사실이지만, 그건 단지 실험이었을 뿐이야.

In my leisure time I always chew on things.

여가 시간에 저는 항상 물건을 물어뜯습니다.

I had the rare opportunity to get my belly rubbed by the president.

저는 대통령님이 제 배를 쓰다듬어 주시는 드문 기회를 얻었어요.

Mostly I depend on my own nose and ears in order to understand a situation.

상황을 이해하기 위해 나는 주로 내 코와 귀에 의존한다.

On sunny days, I help hang out the laundry.

맑은 날에는 빨래 너는 일을 돕습니다.

distance
[dístəns]

명 거리, 먼 곳
- 파 > distant **형** 먼
- in the distance 멀리

identify
[aidéntəfai]

동 ① ~를 확인하다, 식별하다
② ~의 신분을 밝히다
- 파 > identity **명** 신분, 자기 정체성
- identification **명** 신분증
- identify A with B A를 B와 동일시하다

manage
[mǽnidʒ]

동 ① ~를 (자기 힘으로) 다루다
② ~를 간신히 해내다, 용케 해내다 (to do)
③ ~를 관리하다, 경영하다
- 파 > manager **명** 지배인, 경영자
- management **명** 취급, 경영
- manage to do 용케 ~하다

complete
[kəmplíːt]

형 ① 완전한, 완성된 ② 모든
동 ~를 완성시키다
- 파 > completely **부** 완전히

except
[iksépt]

전 ~를 제외하여, ~이외로는
- 파 > exception **명** 예외
- exceptional **형** 특별히 뛰어난, 예외적인
- except for ~ ~라는 점 이외는

You can identify that dog even at a distance because it is wearing a baseball cap.

그 개는 야구 모자를 쓰고 있어서 멀리서도 알아볼 수 있다.

I managed to complete the paper in time.

나는 가까스로 시간에 맞춰 보고서를 완성했다.

개와 관련된 영어 표현

teacher's pet

직역하면 '교사의 애완동물'인데 비유적으로 '교사가 마음에 두는 학생', '교사의 편애를 받는 학생'을 뜻합니다.

I like my fellow dogs except for robot dogs.

저는 친구 개들을 좋아합니다. 저 로봇 견 빼고요.

제2장 낮잠을 자면서 외우는 영단어

MP3 2-26

fuel
[fjúːəl]

명 연료

- fossil fuels 화석 연료 (석유・석탄 등)

rely
[rilái]

동 신뢰하다, 의존하다 (on, upon)

파> reliance **명** 신뢰, 의존
　　reliable **형** 신뢰할 만한
유> depend on[upon] ~ **동** ~에 의존하다
- rely on[upon] ~ ~에 의존하다

level
[lévəl]

명 ① 평평함, 수평 ② 수준
형 평평한, 수평한
동 ~를 판판하게 하다

유> flat **형** 평평한
- 100 meters above sea level 해발 100m

'레벨이 높다'라고 할 때의 level입니다.

material
[mətíəriəl]

명 ① 원료, 재료 ② 물질
형 물질적인

proportion
[prəpɔ́ːrʃən]

명 ① 비율 ② 균형

'프로포션이 좋은 사람'이란 전신의 균형이 잘 잡힌 사람입니다.

We rely on fossil fuels, but they are running out rapidly.

우리는 화석 연료에 의존하고 있는데, 그것들은 급속히 사라지고 있다.

I want my owner to pay me a greater level of attention than he does his cat.

저는 주인님이 고양이에게 쏟는 것보다는 더 높은 수준의 관심을 저에게 보여주시길 원해요.

This carpet is made of materials other than wool, so I don't feel like chewing it.

이 카펫은 양모 이외의 재료로 만들어진 것이라 씹고 싶지가 않다.

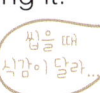

The owner of that toy poodle spends a large proportion of his money on his grooming.

그 토이 푸들의 주인은 자신이 가진 돈의 상당한 비율을 개의 털 손질에 쓴다.

knowledge
[nálidʒ]

 발음 주의!

명 지식
파> know 동 ~를 알다
🦴 to (the best of) my knowledge
내가 아는 한

mysterious
[mistíəriəs]

형 신비적인, 불가사의한
파> mystery 명 불가사의, 신비

opposite
[ápəzit]

형 반대편의, 건너편의, 정반대의
파> oppose 동 ~에 반대하다
opposition 명 반대
🦴 opposite to[from] ~ ~의 반대편에[의]

position
[pəzíʃən]

명 ① 위치, 장소 ② 지위
동 ~의 위치를 정하다

perform
[pərfɔ́:rm]

동 ① ~를 실행하다 ② ~를 연기하다, 연주하다
파> performance 명 실행, 실기

relieve
[rilí:v]

동 ① ~를 완화하다 ② ~를 구출하다
파> relief 명 안심, 구조
relieved 형 안심한

remark
[rimá:rk]

동 ~라고 말하다
명 의견, 발언
파> remarkable 형 주목할 만한

I have a deep knowledge of dog history.

나는 개의 역사에 대한 지식이 해박하다.

이런 으리으리한 집에 살 수 있다니...

아빠, 엄마도 다 같은 얼굴인데 뭐가 문제에요?

That dog has a mysterious look on his face.

그 개는 신비스러운 얼굴을 하고 있다.

뭐!? 내 꼬리가 어디로 갔어?

Oh, no!
My tail is in the opposite position!

오, 이런! 내 꼬리가 반대편에 붙어 있어!

아~ 아베 마리아~ ♪

That dog is famous for performing opera.

저 개는 오페라를 공연하는 것으로 유명합니다.

I was relieved to hear you remark that you would take me for a walk.

당신이 저를 산책에 데려가겠다고 말하는 것을 듣고 안심했어요.

아니? 날씨가 수상하다!

일찍 주인님을 데리고 나가야겠다....

제2장 낮잠을 자면서 외우는 영단어

MP3 2-28

repair
[ripéər]

- 통 ~를 수리하다, 보수하다
- 명 수리
  - 유> mend, fix 통 ~를 수리하다
  - have[get] ~ repaired
    ~를 수리 받다

lack
[læk]

- 명 결핍, 부족
- 통 ~가 결여되다, ~가 없다
  - 유> lacking 형 부족한
  - for lack of ~ ~가 부족해서

 'Good luck!'의 luck과 혼동하지 마세요.

largely
[lá:rdʒli]

- 부 주로, 대부분은
  - 파> large 형 큰
  - 유> mainly 부 주로

economy
[ikánəmi]

- 명 ① 경제 ② 절약
- 형 싼, 경제적인
  - 파> economic 형 경제(상)의
    - economical 형 경제적인, 절약적인
    - economics 명 경제학

export
명 [ékspɔ:rt]
통 [ikspɔ́:rt]

- 명 통 수출(하다)
  - 반> import 명 통 수입(하다)
  - export A to B   A를 B로 수출하다

 강세 주의!

I have to sleep outside because my doghouse is being repaired.

제 개집이 수리 중이기 때문에 밖에서 자야 해요.

모자와 목도리만으로 바깥의 추위를 참으라고요?

신문 보는데 열중하느라 무언가 잊은 것은 아닌지...

"기다려!"라고 한 채 신문을 보기 시작한 주인.

My lack of attention is largely due to the fact that I'm hungry.

제 주의력 부족은 주로 제가 배가 고프기 때문이에요.

The economy is getting better because of export growth.

수출의 증가에 따라 경기가 상승세를 보이고 있다.

뭐! 경기가 상승? 설마 간식도 증량!?

왕! 포인트 레슨

어원으로 기억하는

port

port는 '나르다', '항구'를 뜻합니다. import는 「im(안으로) + port(나르다)」이므로 '수입하다'가 되고, export는 「ex(밖으로) + port(나르다)」이므로 '수출하다', transport는 「trans(넘어서) + port(나르다)」이므로 '수송하다', support는 「sup(밑에서) + port(나르다)」, 즉 '밑에서 받치면서 나르다'이므로 '지지하다', portable은 「port(나르다) + able(가능하다)」이므로 '들고 다닐 수 있는', '휴대용'이라는 뜻이 됩니다.

examine
[igzǽmin]

- 동 ① ~를 조사하다 ② ~를 검사하다
  - 파> examination 명 시험

measure
[méʒər]

- 동 ① ~를 측정하다 ② ~를 평가하다
- 명 ① 계량기 ② 척도 ③ 수단, 방법
  - 파> measurement 명 치수, 측정

발음 주의!

mental
[méntl]

- 형 ① 마음의, 정신적인 ② 지력의
  - 반> physical 형 신체적인

status
[stéitəs]

- 명 ① 지위, 신분 ② 상태

ray
[réi]

- 명 광선, 열선
  - 유> beam 명 광선
  - X-rays X레이

reveal
[rivíːl]

- 동 ~를 밝히다, 폭로하다
  - 반> revelation 명 폭로
  - reveal *A* as *B* A가 B인 사실을 드러내다

My tail wags too much, so I have to get it examined.

제 꼬리는 너무 흔들려서 검사를 받아야 해요.

Measuring a dog's mental status is difficult even for psychologists.

개의 심리 상태를 측정하는 것은 심리학자에게 조차도 어렵다.

The X-ray revealed that the bone was broken due to over exercise.

과도한 운동 때문에 뼈가 부러진 것이 엑스레이에 나타났다.

flow
[flóu]
- 통 흐르다
- 명 흐름
  - 반> flowchart
    - 명 플로 차트(순서도)

tide
[táid]
- 명 조류, 밀물과 썰물
  - a high tide 만조, 최고조
  - a low tide 간조, 밑바닥

movement
[múːvmənt]
- 명 움직임, 운동, 활동
  - 파> move 통 움직이다, ~를 움직이다

physical
[fízikl]
- 형 ① 신체의, 육체의 ② 물질의
  - 반> spiritual 형 정신의, 정신적인
    - mental 형 마음의, 정신의
  - physical education 체육

passage
[pǽsidʒ]
- 명 ① (문장 등의) 일절, 구절 ② 통로 ③ 통과
  - 파> pass 통 (~를) 지나가다

roll
[róul]
- 통 ① 회전하다 ② ~를 굴리다, 돌다

role(역할)과 혼동하지 맙시다.

The flow of the tide is affected by the wind.
조류는 바람의 영향을 받는다.

Our physical movements show how happy we are.
우리의 신체적 움직임은 우리가 얼마나 행복한지를 보여준다.

Today's assignment is to read a passage about how to choose the best shampoo for your doggie.
오늘의 숙제는 여러분의 강아지를 위한 최고의 샴푸를 고르는 방법에 관한 구절을 읽는 것입니다.

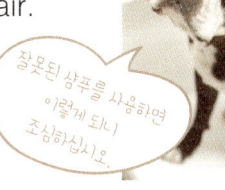

I like to roll on the carpet and leave my hair.
저는 카펫 위를 구르면서 털을 남기는 것을 좋아합니다.

제2장 낮잠을 자면서 외우는 영단어

MP3 2-31

content
- 명①②[kɑ́ntent]
- 명③형[kəntént]

명 ① 내용 ② 목차 ③ 만족
형 만족하여 (with)

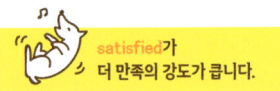
satisfied가 더 만족의 강도가 큽니다.

demand
[dimǽnd]

동 ~를 요구하다
명 ① 요구 ② 수요

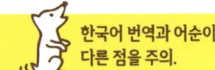
한국어 번역과 어순이 다른 점을 주의.

🦴 supply and demand 수요와 공급

former
[fɔ́:rmər]

형 명 ① 이전의 ② 전자(의)
반> latter 형 명 뒤쪽의, 후자(의)
유> previous 형 (시간・순서가) 앞의

두 개의 것에 연결되어
'전자'를 the former,
'후자'를 the latter라고 합니다.

instruction
[instrʌ́kʃən]

명 명령, 지령
파> instruct 동 ~에 지시하다
  instructive 형 유익한
🦴 give ~ instructions ~에게 지시를 하다

latter
[lǽtər]

형 뒤쪽의
명 후자

patient
[péiʃənt]

형 인내심이 강한
명 환자
파> patience 명 인내
  patiently 부 참을성 있게
반> impatient 형 성급한, 조급한
🦴 be patient with ~ ~를 참다

182

Please sniff this bone to your heart's content.

이 뼈다귀 냄새를 마음껏 맡아 보세요.

My owner demanded that I should wear a special costume.

주인님은 제게 특별한 의상을 입을 것을 요구했어요.

Of the two instructions you gave, I prefer the former to the latter.

당신이 내린 지시들 중 저는 후자보다 전자가 더 마음에 들어요.

개가 나오는 속담

You can't teach an old dog new tricks.

직역하면 "늙은 개에게 새로운 재주를 가르칠 수는 없다."입니다.
비유적으로 "나이를 들면 새로운 것을 배우기가 어렵다."는 뜻으로
개 이외에도 사용됩니다.

If you are patient enough, you can teach your old dog new tricks.

충분히 인내심이 있다면
당신의 나이 든 개에게도
새로운 재주를 가르칠 수 있습니다.

search
[sə́ːrtʃ]

- 동 ~를 찾다, 수색하다
- 명 수색
  - in search of ~   ~를 찾아서
  - search A for B   B가 있을까 해서 A를 찾다

single
[síŋgl]

- 형 ① 단 하나의 ② 일인용의, 독신자의
  - 반 married 형 결혼한
  - not a single ~   하나[한 명]도 ~가 없다[하지 않다]

strength
[stréŋkθ]

- 명 ① 강인함, 힘 ② 장점, 강점
  - 파 strong 형 강한
  - strengthen 동 ~를 강하게 하다, 보강하다

tribe
[tráib]

- 명 부족(部族), 종족(種族), 일족
  - 파 tribal 형 부족의

I'm searching for my collar.
저는 제 목걸이를 찾고 있어요.

I can't speak even a single word of human language, but I can understand it.
저는 인간의 언어는 한 마디도 못하지만 이해할 수는 있습니다.

That dog has the strength to pull a bus.
그 개는 버스를 끌 힘이 있다.

In ancient tribes, dogs were kept as hunting partners.
고대 부족에서는 개를 사냥의 동반자로서 길렀다.

학습 포인트

목표 설정

한국과 같이 평소 영어를 접할 기회가 적은 환경에서 영어를 학습할 때 해당되는 사항인데, 학습 이유와 목표를 확실히 정하는 것이 단어 학습에서도 중요합니다. 목표를 세우고, 학습을 실행하고, 되돌아보는 '영어학습 성공자'들의 방법을 따라해 봅시다.

evidence
[évidəns]

명 증거
- 파> evident **형** 명백한
- give evidence of ~ ~의 증거를 제공하다

journey
[dʒə́ːrni]

명 여행
- 유> travel **동** 여행하다
- travels **명** 특별하게 긴 외국여행
- trip **명** 여행

비교적 긴 여행을 말할 때 사용.

logic
[ládʒik]

명 논리(학)
- 파> logical **형** 논리적인

occupation
[akjəpéiʃən]

명 ① 일, 직업 ② 점령
- 파> occupy **동** ~을 점유하다

practical
[præktikl]

형 실제적인, 현실적인, 실용적인
- 파> practically **부** 사실상
- practice **명 동** 실행, 연습(하다)

That dog is strong evidence that the saying "A barking dog seldom bites" is true.

그 개는 "짖는 개는 거의 물지 않는다."라는 속담이 옳다는 강력한 증거입니다.

Even after making a long journey, I can go right back home.

먼 곳으로 여행을 한 뒤에도 저는 집으로 바로 돌아갈 수 있어요.

I simply can't understand the logic of my own "smell-sniffing" behavior.

저는 제가 '냄새를 맡는' 행동의 논리를 도저히 이해할 수가 없습니다.

I don't know what my occupation is.

나는 내 직업이 무엇인지 모른다.

That old dog always gives me practical advice.

저 나이 든 개는 항상 내게 유용한 조언을 해준다.

risk
[rísk]

- 명 위험, 염려
- 통 ~를 위태롭게 하다
  - 파> risky 형 위험한
  - 유> danger 명 위험
  - at risk 위험에 처한
  - take the risk of ~ing ~할 위험을 받아들이다

'높은 리스크(high risk)'라는 것은 위험도가 높다는 뜻입니다.

slight
[sláit]

- 형 근소한, 조그마한
  - 파> slightly 부 약간
  - have a slight cold 약한 감기 기운이 있다

task
[tǽsk]

- 명 일, 작업, 직업
  - 유> work 명 일

disadvantage
[dìsədvǽntidʒ]

- 명 불리(한 점)
  - 반> advantage 명 유리(한 점)

regard
[rigá:rd]

- 통 ~라고 여기다
- 명 ① (고려해야 할) 점 ② 주의, 배려
  - regard A as B A를 B로 여기다
  - with[in] regard to ~ (=with respect to)
    ~에 관해서는

I don't want to take the risk of upsetting my owner by barking.

짖는 것으로 주인을 화나게 하는 위험을 무릅쓰고 싶지 않다.

It seems like my dog has a slight cold. He doesn't react to the smell of the bone at all.

우리 개가 가벼운 감기에 걸린 것 같습니다.
뼈다귀 냄새에도 반응이 전혀 없네요.

"Lying down" is a difficult task for me.

나에게는 '엎드려'가 힘든 일이다.

Will my fear of thunder be regarded as a disadvantage to becoming a police dog?

내가 천둥을 무서워하는 것이 경찰견이 되는데 불리한 점으로 여겨질까?

학습 포인트

어휘 학습은 복습이 가장 중요

단어 학습은 기억력과 깊은 관계가 있기 때문에 뇌의 기능에 대한 이해를 바탕으로 둔 학습법을 실천해야 합니다. 뇌는 어지간히 충격적인 사건이 아니면 곧 잊어버립니다. 따라서 단어 학습이 잘 안 되는 경우 '기억을 못한다'보다는 '복습하지 않았다'는 요인이 클 겁니다. 일정량의 단어를 외운 다음 반드시 복습하는 습관을 키웁시다.

🐾 애견가를 위한 명언 Part 2

A dog is the only thing on earth that loves you more than you love yourself.

이 세상에서 자기 자신보다 당신을 더 사랑하는 것은 개 밖에 없다.
−미국의 작가 Josh Billings

🐾 개는 친구이며 애인이며 가족이며,
아주 소중한 존재입니다.

The dog is a gentleman; I hope to go to his heaven, not man's.

개는 신사적인 동물이다.
나는 죽고 나서 인간의 천국이 아니라
개의 천국으로 가고 싶다.
−미국의 작가 Mark Twain

🐾 천국으로 가고 나서도 사람과 싸우고
싶지는 않지요? 개들과 다정하게
구름 위를 산책하고 싶습니다.

The more I see of man, the more I like dogs.

인간을 보면 볼수록,
나는 개를 더 좋아하게 된다.
−프랑스의 작가 Madame de Staël

🐾 개는 알면 알수록 좋아지게 되는데
인간은 잘 알수록
싫은 면도 보이게 되지요.

If a dog will not come to you after having looked you in the face, you should go home and examine your conscience.

만약 개가 당신의 얼굴을 보고서도 당신에게 가까이 오지 않으면
당신은 집에 가서 자신의 양심을 살펴보아야 한다.
−제 28대 미국 대통령

🐾 주인이 무언가 나쁜 짓을 저지르면
항상 같이 있는 개는 그것을 잘 알고 있을 지도 모릅니다.

제3장

산책하면서 외우는
영단어

제3장 산책하면서 외우는 영단어

MP3 3-01

protest
- 명 [próutest]
- 동 [prətést]

명 항의
동 ~에 항의하다
　make a protest against ~ ~에 항의하다

 강세 주의!

 개신교(Protestant)는 원래 '항의하는 사람들'이라는 뜻입니다.

refer
[rifə́ːr]

동 ① ~을 언급하다 ② ~를 참조하다 (to)
파〉 reference 명 언급, 참조
　refer to ~ ~을 언급하다, ~를 참조하다

blow
[blóu]

동 ① (바람이) 불다 ② (호각·악기 등이) 소리를 내다 ③ 폭발하다
명 타격
　blow one's nose 코를 풀다

 동사 활용은
blow – blew – blown

reject
[ridʒékt]

동 ~를 거부하다
파〉 rejection 명 거부
반〉 accept 동 ~를 받아들이다
유〉 refuse, decline 동 ~를 거절하다

Dogs protested for the right to ride trains freely without being accompanied by humans.

개들은 인간을 동반하지 않고도 자유롭게 열차를 탈 수 있는 권리를 달라고 항의하였다.

In order to show respect for animals, some people refer to pets as "companion animals."

동물을 존중한다는 표시로 애완동물을 '반려 동물'이라고 부르는 사람들도 있다.

A strong wind began to blow and my suggestion of going for a walk was rejected.

바람이 세게 불기 시작하는 바람에 산책하러 가자는 저의 제안은 거절당했어요.

개와 관련된 영어 표현

companion animal

개와 같은 동물들은 함께 살고 있는 사이에 애완동물이라는 범주를 넘어 가족과 같은 친밀한 관계를 구축해나가는 경우도 많습니다. 소유물로서의 애완동물이라는 개념이 아니라 인간의 벗이라는 관계를 강조한 표현으로 '반려 동물'이라는 표현을 사용합니다.

제3장 산책하면서 외우는 영단어

MP3 3-02

concentrate
[kάnsəntreit]

통 집중하다 (on), ~를 집중시키다
파> concentration 명 집중

---

remain
[riméin]

통 ① 계속(여전히) ~이다 ② 남다
파> remaining 형 남은

---

otherwise
[ʌ́ðərwàiz]

부 ① 안 그러면 ② 다른 방법으로
~ and otherwise 그 밖의 ~

'만약 그렇지 않으면'이라는 뜻으로
뒤에 가정법이 올 때가 있습니다.

---

permit
[pərmít]

통 ① ~를 허가하다, 허용하다 ② ~를 가능케 하다
파> permission 명 허가
유> allow 통 ~를 허가하다
permit A to do A가 ~할 것을 허가하다

---

earn
[ə́:rn]

통 ① (돈을) 벌다
② (인기·신용 등)을 획득하다
파> earnings 명 수입, 소득

---

instrument
[ínstrəmənt]

명 기구, 도구, 악기
유> tool 명 도구
device 명 장비

Right now I'm concentrating on remaining still.
Otherwise my owner won't permit me to eat dinner.

지금 저는 가만히 있는 일에 집중하고 있어요.

그러지 않으면 저녁을 먹게끔 주인님이 허락하지 않으실 테니까요.

That dog earns a bit by playing musical instruments.

저 개는 악기 연주로 수입을 좀 올린다.

제3장 산책하면서 외우는 영단어

MP3 3-03

growth
[gróuθ]

명 ① 성장, 발달 ② 발전, 증가
파〉 grow 동 성장하다

industry
[índəstri]

명 ① 산업, 공업 ② 근면
파〉 industrial 형 산업의, 공업의
industrious 형 근면한
the film industry 영화계

 강세 주의!

household
[háushould]

명 가족, 일가, 세대(世帶)
household expenses 가계 지출

indicate
[índəkeit]

동 ~를 가리키다, 표시하다
파〉 indication 명 지시, 징후

positive
[pázətiv]

형 ① 적극적인 ② 긍정적인 ③ 양성의
반〉 negative 형 부정적인, 소극적인
be positive that ~   ~라고 확신하다
positive thinking 적극적 사고방식

impact
명 [ímpækt]
동 [impǽkt]

명 ① 충격, 충돌 ② 영향
동 ~에 영향을 미치다
have an impact on ~   ~에 영향을 미치다

 강세 주의!

We believe that the economic growth is the result of strong sales in the dog food industry.
우리는 경제 성장이 개 사료 업계의 매출 강세가 가져온 결과라고 믿는다.

Numerous studies indicate that having dogs in the household has a positive impact on children.
수많은 연구가 가정에서 개를 키우는 것은 아이들에게 좋은 영향을 미친다고 나타낸다.

어원으로 기억하는

ject

ject는 '던지다'라는 뜻입니다. projector는 「pro(앞으로) + ject(던지다) + or(~하는 것·사람)」이므로 '영사기, 프로젝터', reject는 「re(다시) + ject(던지다)」이므로 '거절하다', eject는 「e(밖으로) + ject(던지다)」이므로 '쫓아내다, 튀어나오게 하다', injection은 「in(안으로) + ject(던지다) + ion(물건)」이므로 '주사(注射)', object는 「ob(~를 향하여) + ject(던지다)」이므로 '대상(對象)'이라는 뜻이 됩니다.

willing
[wíliŋ]

형 기꺼이 ~하는, 자발적으로 ~하려고 하는
- 파> willingly 부 기꺼이
- 반> reluctant 형 ~하려고 하지 않는
- 🦴 be willing to do 적극적으로 ~하다

youth
[júːθ]

명 ① 젊음, 청춘(기) ② 청년, 젊은이
- 파> young 형 젊은

 유스호스텔(youth hostel)은 젊은 사람들을 위한 숙박 시설입니다.

due
[djúː]

형 ① 예정의 ② 지불기일(이 온) ③ ~하기로 되어 있는
- 🦴 due to ~ ~가 원인으로
- 🦴 be due to do ~하기로 되어 있다

alike
[əláik]

부 같은 식으로
형 닮은

 형용사 alike는 명사 앞에 쓰지 않습니다.

exact
[igzǽkt]

형 정확한, 적확한
- 파> exactly 부 정확히

I am willing to give you my paw.

기꺼이 악수를 해드리겠습니다.

대신 나중에 같이 공놀이해요 ♥

Youth passes by more quickly for dogs than for humans due to the fact that dogs age rapidly.

개의 청춘은 인간보다 훨씬 더 빠르게 지나가 버리는데,
개는 나이를 빨리 먹기 때문이다.

이 나이에 이런 목걸이는 너무 화려하지 않나...

No two exact measurements are ever alike.

두 번의 측정 결과가 언제나 똑같이 나오지는 않는다.

개와 관련된 영어 표현

paw [pɔ́ː]

인간의 발은 'foot'이지만, 개나 고양이처럼 갈고리 발톱이 있는 포유동물의 손, 발은 'paw'라고 합니다. 발음 [pɔ́ː]가 식별하기 어려워서 미리 모르면 알아듣기 힘들지도 모릅니다. 참고로 말처럼 발굽이 있는 동물의 발은 'hoof'라고 합니다.

제3장 산책하면서 외우는 영단어

MP3 3-05

assume
[əsjúːm]

동 ① ~라고 생각하다, ~를 당연한 것으로 여기다
② ~를 받아들이다
파> assumption 명 가정
assuming (that) ~ ~라고 가정하여

tend
[ténd]

동 ~하는 경향이 있다
파> tendency 명 경향
tend to do ~하는 경향이 있다

진행형으로는 사용하지 않습니다.

aware
[əwéər]

형 ~를 알고 있는, ~를 눈치 채고 있는 (that)
파> awareness 명 의식
유> conscious 형 의식하는, 눈치채는
be aware of ~ ~를 의식하고 있다

burst
[bə́ːrst]

동 ① 터지다 ② 갑자기 ~하기 시작하다 (into)
명 (감정의) 폭발
burst into laughter[tears]
웃음[울음]을 터뜨리다

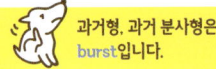
과거형, 과거 분사형은 burst입니다.

convince
[kənvíns]

동 ① ~를 확신시키다
② ~를 납득시키다 (that)
파> convincing 형 설득력이 있는
convince A of B A에게 B를 납득시키다

People tend to assume that most dogs like dog food, but that's not entirely true.

사람들은 대부분의 개들이 개 사료를 좋아한다고 생각하는 경향이 있지만, 다 그런 건 아니다.

Excuse me, miss. Are you aware that it is my tail that you are sitting on?

실례지만, 아가씨. 당신이 내 꼬리 위에 앉아 있는 것을 알고 계신지?

I burst into tears when I first saw the statue of Hachi ko.

나는 그 하치코의 동상을 처음 봤을 때 눈물을 터뜨렸다.

If you want to get married to that cat, you have to convince her owner that you will not harm her.

그 고양이와 결혼을 하고 싶다면, 그녀에게 위해를 가하지 않겠다고 그녀의 주인을 확신시켜야 한다.

제3장 산책하면서 외우는 영단어

MP3 3-06

exist
[igzíst]

- 통 존재하다
  - 파 existence 명 존재
  - coexist 통 공존하다

promote
[prəmóut]

- 통 ① ~를 촉진하다 ② ~를 승진시키다
  ③ (상품을) 선전하다
  - 파 promotion 명 승진, 판매 촉진
  - promote A to B A를 B로 승진시키다

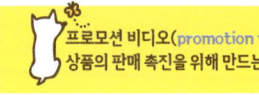
프로모션 비디오(promotion video)는
상품의 판매 촉진을 위해 만드는 비디오입니다.

enthusiasm
[inθjú:ziæzm]

- 명 열중, 열의, 열광
  - 파 enthusiastic 형 열광적인

rough
[rʌ́f]

- 형 ① (표면이) 거친
  ② (행동이) 거친, 난폭한, 대충 한 ③ 힘든, 골치 아픈
  - 반 smooth 형 매끄러운

발음 주의!

럭비 등의 경기에서 말하는
'러프 플레이(rough play)'란, 부상자가 나올
우려가 있는 거친 플레이를 뜻합니다.

atmosphere
[ǽtməsfiər]

- 명 ① 대기(大氣), 공기 ② 분위기

강세 주의!

consequence
[kánsəkwens]

- 명 ① 결과, 형편 ② 중요성
  - in[as a] consequence
    그래서, 그 결과
  - of consequence 중대한

강세 주의!

Dogs exist on every continent in the world.
개는 세계의 모든 대륙에 존재한다.

They now show great enthusiasm in promoting their new low-fat dog food.
그들은 지금 새로운 저지방 개 사료 홍보에 대단한 열정을 보이고 있다.

I really had a rough time last night because my owner forgot to feed me.
주인님이 나에게 먹이 주는 것을 잊는 바람에
어젯밤에는 정말 힘든 시간을 보냈어.

Global warming is the consequence of CO2 and other such gasses increasing in the atmosphere.
지구 온난화는 대기 중에서 증가하고 있는 이산화탄소,
그리고 그 밖의 다른 종류의 가스들의 영향 때문이다.

제3장 산책하면서 외우는 영단어

birth
[bə́:rθ]
- 명 탄생, 출생
- 파 birthday 명 생일
- give birth to ~ ~를 낳다

rate
[réit]
- 명 ① 비율 ② 요금
- at any rate 하여간, 어쨌든
- at the rate of ~ ~의 비율로

gradually
[grǽdʒuəli]
- 부 서서히, 차츰, 점점
- 파 grade 명 등급, 학생, 성적
- gradual 형 단계적인

decrease
- 동 [dikrí:s]
- 명 [dí:kri:s]
- 동 줄다, ~를 줄이다
- 명 감소
- 반 increase 동 늘다, ~를 늘리다 명 증가
- a decrease in ~ ~의 감소

cash
[kǽʃ]
- 명 동 현금(으로 바꾸다)
- 파 cashier 명 계산대
- in cash 현금으로

sufficient
[səfíʃənt]
- 형 충분한
- 유 enough 형 충분한
- be sufficient to do ~하기에 충분하다

 강세 주의!

moment
[móumənt]
- 명 ① 순간 ② 시기
- at the moment 지금 당장
- Just a moment. 잠깐 기다려 주십시오.

The birth rate has been gradually decreasing year by year.
출생률은 해마다 점점 줄어들고 있다.

어원으로 기억하는
cre
crease
cru

cre / crease / cru는 create(창조하다)와 관계가 있으며, '낳다'를 뜻합니다. increase는 「in(위로) + crease(낳다)」이므로 '증가하다', decrease는 「de(떨어져서) + crease(낳다)」이므로 '줄다, 줄이다', recruit는 「re(다시) + cru(태어나다)」이므로 '(새로) 모집하다, 신입 회원'이라는 뜻이 됩니다.

I can't leave a sufficient tip because I'm short of cash at the moment.
지금 현금이 부족해서 팁을 넉넉하게 놓고 갈 수가 없다.

decline
[dikláin]

- 동 ① (~를) 사양하다 ② 저하하다 ③ 기울다
- 명 쇠퇴, 감소, 하강
  - decline to do ~하기를 거절하다

predict
[pridíkt]

- 동 ~를 예언하다, 예보하다
  - 파> prediction 명 예언

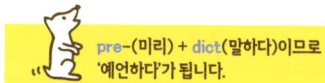
pre-(미리) + dict(말하다)이므로
'예언하다'가 됩니다.

steady
[stédi]

- 형 확실한, 안정된, 변함이 없는

standard
[stǽndərd]

- 명 형 ① 표준(의) 기준(이 되는) ② 규격
  - above[below] standard
    수준 이상[이하]으로

disturb
[distə́:rb]

- 동 ① ~를 흩뜨리다 ② ~를 방해하다
  - 파> disturbance 명 방해, 불안

quantity
[kwántəti]

- 명 분량, 수량(數量)
  - in quantity 대량으로
  - a large[small] quantity of ~
    다수[소수]의 ~

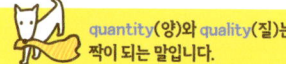
quantity(양)와 quality(질)는
짝이 되는 말입니다.

The health report predicts a continued steady decline in health standards.

건강 보고서는 건강의 기준이 계속 떨어질 것으로 전망하고 있다.

개가 나오는 속담

Let sleeping dogs lie.

직역하면 "잠자고 있는 개는 그대로 내버려둬라."로, 문제를 야기할 수 있는 주제나 과거 이야기는 들먹이지 말라는 뜻이 됩니다.

I don't mean to disturb you, but could you play with me for a while?

방해할 생각은 없지만 나랑 잠시만 놀아 줄래요?

Personally, the quantity of dog food is much more important than quality.

개인적인 의견을 말하자면, 사료는 품질보다 양이 훨씬 더 중요하다.

제3장　산책하면서 외우는 영단어

MP3 3-09

trial
[tráiəl]

명 ① 시도, 시험, 시련　② 재판
파> try 동 ~를 시도하다
- trial and error   시행착오
- on trial   시험적으로

error
[érər]

명 착오, 오류
유> mistake 명 실수
- make[commit] an error   잘못을 저지르다

drug
[drʌ́g]

명 약
유> medicine 명 약

 드러그 스토어(drugstore)는 약국입니다. 약 이외에 일용품 등도 팝니다.

disease
[dizíːz]

명 병(病), 질환
유> illness, sickness 명 병

acquire
[əkwáiər]

동 ~를 얻다, 획득하다
파> acquisition 명 획득

require
[rikwáiər]

동 ~를 필요로 하다, ~를 요구하다
파> requirement 명 필요조건
유> need 동 ~를 필요로 하다
- require A to do   A가 ~하도록 요구하다

After many trials and errors, they developed a new drug for the disease.

수많은 시행착오 끝에
그들은 그 질병에 대한 새로운 약을 개발하였다.

개와 관련된 영어 표현

dog year

종류나 크기에 따라 차이가 있지만 개의 일 년은 일반적으로 인간의 7년에 해당한다고 합니다. 그런 개의 연령이 바로 'dog year'인데, IT 업계에서는 기술이 발전하는 속도가 빠르기 때문에 그것을 비유하는 말로 이 표현을 사용할 때가 있습니다.

In general, older people seem to find it difficult to acquire the new skills required by technological change.

일반적으로, 나이가 많은 사람들은 기술의 변화가 요구하는 새로운 기술을 습득하기 어렵다고 생각하는 것 같다.

annoy
[ənɔ́i]

동 ~를 짜증나게 하다, ~를 귀찮게 하다
파〉 annoyed 형 짜증난
annoying 형 (사람을 짜증나게 하는) 귀찮은, 짜증스러운

constant
[kánstənt]

형 변함이 없는, 일정한, 끊임없는
파〉 constantly 부 끊임없이

construction
[kənstrʌ́kʃən]

명 건설, 건축, 구성
파〉 construct 동 ~를 건설[구성]하다
반〉 destruction 명 파괴
under construction 공사[건설] 중인

annual
[ǽnjuəl]

형 매년의, 일 년에 한 번의, 일 년의
파〉 annually 부 매년

closely
[klóusli]

부 ① 접근하여 ② 확실하게, 엄밀히
파〉 close 형 접근한

'접근한'은 [클로우스], close[클로우즈](닫다)와의 발음 차이에 주의!

criticize
[krítəsaiz]

동 ~를 비난하다, 비평하다
파〉 criticism 명 비난, 비평
critic 명 비평가
critical 형 비판적인, 치명적인

I was really annoyed by the constant noise from the nearby construction site.

근처 공사 현장에서 나는 끊임없는 소음에 나는 몹시 짜증났다.

We celebrated the annual Beagle Day with wine.

우리는 연례 비글 기념일을 와인으로 축하했다.

Dogs and humans are so closely bound to one another that one cannot separate them.

개와 인간은 서로 너무 밀접하게 맺어져서 떼어놓을 수 없다.

Some people criticize that dog because he is quiet only in his owner's company.

어떤 사람들은 저 개를 비난하는데, 주인하고 있을 때만 얌전하기 때문이다.

제3장 산책하면서 외우는 영단어

MP3 3-11

doubt
[dáut]

- 동 ~를 의심하다 (~가 아닌가 생각하다)
- 명 의혹
  - 파 doubtful 형 의심스러운
  - without (a) doubt 의심의 여지없이, 틀림없이

 발음 주의!

species
[spíːʃiːz]

- 명 (생물의) 종(種), 종류
  - human[our] species 인류

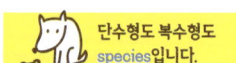 단수형도 복수형도 species입니다.

enable
[inéibl]

- 동 ~를 가능케 하다, ~할 수 있게 하다
  - 파 able 형 ~할 수 있는
  - ability 명 능력
  - enable A to do A가 ~하는 것을 가능케 하다

grant
[grǽnt]

- 동 ① ~를 인정하다 ② ~를 주다
- 명 보조금
  - take ~ for granted ~를 당연한 것으로 여기다

claim
[kléim]

- 동 ① ~를 요구하다 ② ~를 주장하다
- 명 ① 요구 ② 주장

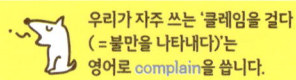 우리가 자주 쓰는 '클레임을 걸다(= 불만을 나타내다)'는 영어로 complain을 씁니다.

react
[ri(ː)ǽkt]

- 동 반응하다 (to)
  - 파 reaction 명 반응
  - react to ~ ~에 반응하다

The species dog probably represents one of the smartest creatures on the earth. There is no doubt about it.

개라는 종은 아마 지구에서 가장 똑똑한 생물 중 하나일 것이다. 그것에 대해서는 의심의 여지가 없다.

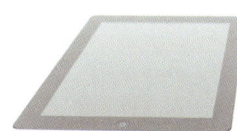

His sympathy for dogs enables him to make himself understood.

그는 개와 공감할 수 있으므로 개와 소통을 할 수 있다.

If you claim to be wild, you shouldn't take it for granted that people will feed you.

야성적인 개가 되기를 자청한다면, 사람들이 먹이를 주는 것을 당연하게 여겨선 안 된다.

When you are ordered to be still, it is prohibited to even react to a fly.

'기다려!'라는 명령을 들으면, 파리한테 반응하는 것도 금지야.

authority
[əθɔ́ːrəti]

- 몡 ① 권위(자), 권력 ② 권한 ③ 당국
- 파> authorize 통 ~에게 권한을 부여하다

maintain
[meintéin]

- 통 ① ~를 유지하다, 지속하다
  ② ~를 주장하다 ③ ~를 지지하다
- 파> maintenance 몡 정비, 유지

spoil
[spɔ́il]

- 통 ① ~를 망치다 ② (아이를) 응석받이로 키우다
  - spoilt[spoiled] child 응석받이

활용은,
spoil – spoilt – spoilt,
혹은 spoil – spoiled – spoiled

benefit
[bénifit]

- 몡 ① 이익 ② 은혜
- 통 ① 이익을 얻다 (from) ② ~에게 이익을 주다
- 파> beneficial 형 유익한, 힘이 되는

community
[kəmjúːnəti]

- 몡 공동체, 공동 사회, 지역 사회

community center는
지역 주민을 위한 회관을 말합니다.

presence
[prézns]

- 몡 존재, 출석
- 파> present 형 출석하고 있는
- 반> absence 몡 결석
  - in *one's* presence ~의 면전에서

Many authorities on dogs maintain that people should not spoil them.

개에 대한 많은 권위자들은 사람들이 개를 응석받이로 키우면 안 된다고 주장한다.

개와 관련된 영어 표현

top dog

top dog는 직역하면 '정상(頂上)의 개'인데 '승자', '지배자'를 의미하는 속어입니다. 반의어는 under dog입니다. (255쪽 참조)

Everyone in the community must be receiving benefit from my presence.

제 존재 덕분에 그 지역 사회의 모두가 혜택을 받고 있는 것이 틀림없어요.

제3장 산책하면서 외우는 영단어

MP3 3-13

consist
[kənsíst]

동 구성되어 있다, (~로) 되다
- consist of ~ ~로 되다, 구성되다

crime
[kráim]

명 범죄, 죄
- 파> criminal **형** 범죄의 **명** 범인
- crime scene 범죄 현장

commit
[kəmít]

동 ① ~를 위임하다, 맡기다
② (죄 등)을 범하다 ③ ~에 전념하다
- 파> commitment **명** 약속, 교류
- be committed to do
  ~에 전념하다, ~를 하려고 결의하다
- commit suicide 자살하다

prevent
[privént]

동 ~를 방해하다, 예방하다
- 파> prevention **명** 방지, 예방
- prevent A from ~ing
  A가 ~하는 것을 방해하다

delay
[diléi]

동 ~를 지연하게 하다, 연기하다
명 지연, 연기
- be delayed (교통 기관 등이) 지연되다

My breakfast has to consist of at least three different name-brand dog foods.
나의 아침 식사는 적어도 세 종류의 유명 브랜드 개 사료로 구성되어야 합니다.

That police dog is committed to preventing crimes against humanity.
저 경찰견은 비인도적인 범죄를 방지하는 데 전념하고 있다.

I can't stand it when meal times are delayed!
식사 시간이 늦어지는 것은 견딜 수 없어!

delight
[diláit]

통 ~를 매우 기쁘게 만들다[즐겁게 하다]
명 환희
파> delightful 형 유쾌한, 즐거운
to *one's* delight
~에게 즐거운 것으로

reward
[riwɔ́ːrd]

명 보수, 포상(褒賞) 통 ~에게 은혜를 갚다
파> rewarding 형 가치가 있는, 보람 있는

divide
[diváid]

통 ~를 나누다, 분할하다
파> division 명 분할
divide *A* into *B* A를 B로 나누다

distinct
[distíŋkt]

형 ① 다른 것과 전혀 다른 (from)
② 확실한
파> distinction 명 구별
distinguish 통 ~를 구별하다

feature
[fíːtʃər]

명 특징, 특색
통 ① ~를 특징으로 삼다
② (신문·잡지 등이) 특집으로 하다

features는 '생김새'라는 뜻이 됩니다.

I'm really delighted to be able to get a reward just for shaking hands.

악수만 해도 보상을 받을 수 있다니 정말 기뻐요.

People can be divided according to two distinct features: whether they are a dog person or whether they are a cat person.

사람들은 두 가지 특성에 따라 나눌 수 있다. 애견가이냐, 애묘가이냐.

*판다는 곰과의 동물입니다.

개와 관련된 영어 표현

dog / cat person

dog person은 '개 인간'이 아니라 '개'파 사람, 즉 애견가를 말합니다. cat person은 '고양이'파, 즉 애묘가(愛猫家)를 말합니다. "당신은 애견 가예요, 애묘가예요?"라고 물어볼 때는 "Are you a dog (person) or a cat person?"이라고 합니다.

제3장 산책하면서 외우는 영단어

MP3 3-15

fix
[fíks]

통 ① ~를 고정하다, 설치하다 ② 수리하다
③ (식사 등)을 마련하다
유> repair, mend 통 ~를 수리하다
fix up ~ ~를 결정하다

destroy
[distrɔ́i]

통 ~를 파괴하다, 멸망시키다
파> destruction 명 파괴
반> construct 통 ~를 건설하다

afford
[əfɔ́:rd]

통 ~할 여유가 있다
(can) afford to do ~할 여유가 있다

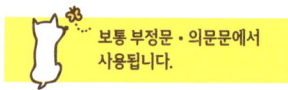
보통 부정문·의문문에서 사용됩니다.

aim
[éim]

통 ① ~를 대상으로 하다 ② ~를 겨냥하다
명 목적, 의도
aim at ~ ~를 겨냥하다

desire
[dizáiər]

통 ~를 간절하게 원하다 명 원망(願望), 욕구
desire to do ~하기를 원하다

보통 진행형으로 사용하지 않습니다.

exercise
[éksərsaiz]

명 통 ① 운동(하다) ② 연습(하다)

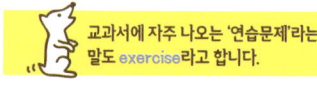
교과서에 자주 나오는 '연습문제'라는 말도 exercise라고 합니다.

I destroyed my doghouse by accident, and it can't be fixed.
제가 실수로 개집을 부수었는데, 수리가 안 된대요.

People who cannot afford to buy a Chihuahua usually make do with a poodle.
치와와를 살 여유가 없는 사람들은 보통 아쉬운 대로 푸들을 삽니다.

This training course is aimed at elderly people who desire to exercise on a regular basis.
이 훈련 과정은 규칙적으로 운동하기를 원하는 고령자를 대상으로 한 것이다.

학습 포인트

다독 • 다청

이 책과 같은 단어 학습 교재를 이용해 아는 단어를 많이 늘려서 시험에서 고득점을 따려고 하는 것만으로는 단어 학습에 성공하기 힘듭니다. 자신의 실력 수준보다 약간 낮은 "이해할 수 있는" 교재를 많이 읽거나(다독), 많이 듣거나(다청) 하는 방법을 병행합시다.

audience
[ɔ́ːdiəns]

명 관중, 관객, 청중
- 유> spectator **명** 관객

단수로 관중 전체를 가리키는 집합명사입니다.

satisfy
[sǽtisfai]

동 ① ~를 만족시키다 ② ~를 채우다
- 파> satisfaction **명** 만족
- satisfactory **형** 만족할 만한
- be satisfied with ~ ~에 만족하고 있다

contrary
[kántreri]

강세 주의!

형 반대의, 반대되는
명 정반대
- on the contrary 그와는 반대로
- contrary to ~ ~에 반대하여

contrast(대조), contrary(반대의)의 contra-는 '~에 반대하여'라는 뜻입니다.

intend
[inténd]

강세 주의!

동 ~를 의도하다, ~할 작정이다
- 파> intention **명** 의도
- intend to do ~할 작정이다

ruin
[rúːin]

명 ① 파괴, 멸망 ② 폐허, 유적
동 ~를 파멸시키다, 망치다

The entire audience was satisfied with the dog movie.

모든 관객들은 그 개 영화에 만족하였다.

Contrary to our expectations, he was not a bad guy.

우리의 예상과는 달리 그는 나쁜 사람이 아니었다.

I did not intend to step on your tail. Sorry.

그럴 의도는 아니었는데 당신 꼬리를 밟았네요. 죄송합니다.

It was very rude of you to leave footprints on your owner's notebook and ruin it.

발자국을 남겨서 주인님의 공책을 망쳐버리다니
네가 너무 버릇없이 굴었네.

제3장 산책하면서 외우는 영단어

MP3 3-17

brief
[bríːf]

형 짧은, 간결한
- in brief 짧게

neglect
[niglékt]

동 ~를 무시하다, ~를 게을리 하다
명 태만, 무시
- 파> neglectful 형 나태한
- neglect to do ~하기를 게을리하다

career
[kəríər]

명 ① 직업, 커리어 ② 경력, 생애

강세 주의!

category
[kǽtəgɔːri]

명 범주, 카테고리, 부류
- 파> categorize 동 분류하다

강세 주의!

respond
[rispánd]

동 응답하다, 반응하다 (to)
- 파> response 명 응답, 반응
- 유> answer 동 ~에 답하다
- respond to ~ ~에 답하다

customer
[kʌ́stəmər]

명 (상점 등의) 손님, 고객
- 유> guest 명 (초대된) 손님
- client 명 (변호사 등의) 고객

fit
[fít]

형 ① 적합한 ② ~에 딱 맞는
동 ~에 딱 맞다, ~를 붙이다
- 파> fitness 명 건강, 적성
- be fit for A to do A가 ~하기에 적합하다

Please give me a brief explanation of why you neglected to feed me last night!

어젯밤에 왜 제게 먹이를 주지 않았는지 간단히 설명 좀 해주시죠!

I started my career as a guide dog from the age of one.

나는 한 살 때부터 맹인안내견 경력을 쌓았다.

My job is in the category of watchdog. Responding to customers just doesn't fit my job description.

제 직업은 경비견의 범주에 속해요.
손님을 응대하는 건 제 업무에 맞지 않다구요!

complex
형 [kampléks]
명 [kámpleks]

- 형 ① 복잡한 ② 복합적인
- 명 ① 합성물, 복합체 ② 콤플렉스
  - 반> simple 형 단순한

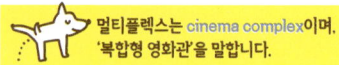
멀티플렉스는 cinema complex이며, '복합형 영화관'을 말합니다.

rapidly
[rǽpidli]

- 부 급속으로, 빨리
  - 파> rapid 형 빠른
  - 유> fast 부 빨리 형 빠른

efficient
[ifíʃənt]

- 형 능률적인, 효율성이 좋은, 유능한
  - 파> efficiency 명 능률, 효율
  - 유> effective 형 효과적인

crisis
[kráisis]

- 명 위기, 난국
  - 파> critical 형 위기의, 빈사 상태의

복수형은 crises

survive
[sərváiv]

- 동 장수하다, 생존하다, 살아남다
  - 파> survival 명 생존, 살아남기
  - survivor 명 살아남은 자, 생존자

People living in modern society have rapidly become busier, more efficient, and more complex.

현대 사회에 사는 사람들은 급속도로 더 바쁘고, 더 효율적이며, 더 복잡해지고 있다.

That country survived
the energy crisis of the 1970s.

그 나라는 1970년대의 에너지 위기에서 살아남았다.

제3장 산책하면서 외우는 영단어

MP3 3-19

definition
[dèfəníʃən]

- 명 정의
  - 파 define 동 ~를 정의하다

determine
[ditə́:rmin]

- 동 ① ~를 결심하다 ② ~를 결정하다
  - 유 decide 동 결정하다
  - 파 determination 명 결심
  - determine to do ~하기로 결심하다
  - be determined to do
    ~하자고 결심하다, ~할 것이라고 결정되어 있다

pursue
[pərsú:]

- 동 ~를 추구하다, 좇다
  - 파 pursuit 명 추적, 추구
  - 유 follow 동 ~의 뒤를 좇다
  - pursuit of truth 진리의 탐구

 강세 주의!

embarrass
[imbǽrəs]

- 동 ~를 창피하게 만들다
  ~를 당황스럽게 만들다
  - 파 embarrassing 형 (사람을) 당황스럽게 하는
  - embarrassment 명 곤혹

regardless
[rigá:rdləs]

- 형 부주의한, 무관심한
  - 파 regard 동 ~라고 여기다 명 점
  - regardless of ~ ~에 관계없이

insist
[insíst]

- 동 ~를 주장하다, 우기다 (on, upon, that)
  - insist on[upon] ~ ~를 주장[요구]하다

"What's the definition of a 'dog'?"
- "It's a human's favorite four-legged animal."

"개의 정의는 무엇입니까?" "인간에게 가장 사랑받고 있는 네발짐승입니다."

최고의 미소를 짓는것도 제가 하는 일이죠!

I'm determined to pursue a career as a rescue dog.

나는 구조견이라는 직업에 종사하기로 마음먹었어요.

어원으로 기억하는

fin

fin은 '끝나다', '끝'을 뜻합니다. 예를 들면 final(마지막의), finally(드디어), finish(끝내다), finale(피날레), finalize(확정하다)와 같은 단어들이 있습니다. define은 「de(강조)+fine(끝내다: 끝, 경계를 명확히 하다)」으로 '정의하다, 명료하게 정하다', infinite는 「in(부정) + fin(끝나다) + ite(형용사)」이므로 '무한한, 끝이 없는'을 뜻합니다.

I was embarrassed
when I got lost out walking.

산책하다가 길을 잃었을 때 당황했어요.

주인님이 자전거를 타고 찾으러 오셨네. 헤, 헤, 헤.

Regardless of my resistance, my owner insisted that I wear clothes.

저의 저항에도 불구하고
주인님은 제가 옷을 입어야 한다고 주장하셨어요.

제3장 산책하면서 외우는 영단어

MP3 3-20

shelter
[ʃéltər]

- 명 ① 대피소 ② 주택
- 동 ① ~를 보호하다 ② 피난하다

'의식주'는 'food, clothing and shelter'라고 합니다. 한국어와 단어 순서의 차이에 주의합시다.

essential
[isénʃəl]

- 형 ① 불가결한, 필수적인 ② 본질적인
- 파 > essence 명 본질
- 유 > necessary 형 필요한
- 🦴 be essential to ~
  ~에게 불가결하다

item
[áitəm]

- 명 품목, 항목, 조항

item은 눈에 보이는 것뿐만 아니라, the last item on the list (일람표의 마지막 항목)처럼 '항목', '사항'이라는 뜻도 있습니다.

tip
[típ]

- 명 ① (뾰족한) 끝, 선단 ② 정보, 힌트 ③ (레스토랑 등에서 주는) 팁
- 동 팁을 주다

tongue
[tʌ́ŋ]

- 명 ① 혀 ② 언어, 말
- 🦴 mother tongue 모국어

발음 주의!

우설은 소의 혀(ox tongue)입니다.

surely
[ʃúərli]

- 부 확실히, 분명히
- 파 > sure 형 확신하는
- 유 > certainly 부 분명히

Food, clothing and shelter are essential items for human survival.

의식주는 인간의 생존에 필수적인 항목들이다.

개와 관련된 영어 표현

dog eat dog

'dog eat dog'는 직역하면 "개가 개를 잡아먹다."입니다. 비유적으로 '골육상쟁', '동족상잔' 등을 뜻합니다. "Today we will live in a dog-eat-dog world."는 "오늘날 우리는 먹느냐 먹히느냐의 세상에 살고 있다."라는 뜻입니다.

His name is on the tip of my tongue, so surely I will remember it before long.

그의 이름이 입에 맴도는 걸 보니 분명 금방 생각날 것이다.

제3장 산책하면서 외우는 영단어

MP3 3-21

wander
[wándər]

- 동 서성거리다, 방랑하다, 길을 잃다
  - 파> wandering 명 방랑 형 방랑하는
  - 🦴 wander about 여기저기 걸어 돌아다니다

 wonder(신기하게 여기다, 경이)와 혼동하지 맙시다.

urban
[ə́:rbən]

- 형 도시의, 도시적인
  - 반> rural 형 시골의
  - suburban 형 교외의

district
[dístrikt]

- 명 지구, 구역

 미국의 수도인 Washington D.C.의 D.C.는 'District of Columbia'의 약칭입니다.

yell
[jél]

- 동 소리치다, 고함을 치다 (at)
- 명 고함, (응원의) 성원
  - 🦴 yell at ~ ~를 향하여 소리치다

absence
[ǽbsəns]

- 명 부재, 결석
  - 파> absent 형 부재의[로]
  - 반> presence 명 출석
  - 🦴 in one's absence ~의 부재중에

That dog was caught when it was wandering around the urban district.
그 개는 시가지를 돌아다니다가 붙잡혔다.

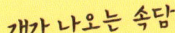

개가 나오는 속담

The dog that trots about finds a bone.
"아무리 어리석은 사람이라도 노력해서 움직이면 무엇인가 중요한 것을 찾을 수 있다."라는 내용입니다.
'trot about'은 '바쁘게 돌아다니다'라는 뜻입니다.

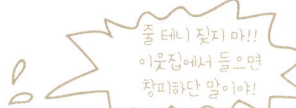

I can't yell, but I can bark.
소리를 지를 수는 없지만, 짖을 수 있어요.

The absence of a *frisbee is a matter of life or death for dogs.
프리스비가 없다는 것은 개에게 사이가 걸린 문제다.

*frisbee(프리스비): 던지기를 하며 노는 플라스틱 원반

제3장 산책하면서 외우는 영단어

MP3 3-22

accomplish
[əkámpliʃ]
동 ~를 달성하다, 성취하다
파 accomplishment 명 완성, 업적

technology
[teknálədʒi]
명 과학 기술
파 technological 형 과학 기술의

강세 주의!

IT업계의 IT는 Information Technology (정보기술)의 약칭입니다.

previous
[príːviəs]
형 이전의, 전의
파 previously 부 이전에, 미리

account
[əkáunt]
명 ① 계산서 ② 예금 계좌 ③ 고려
동 ① 설명하다 ② 점유하다 (for)
- on account of ~ ~라는 이유로
- take ~ into account
  = take account of ~   ~를 고려하다

individual
[indivídʒuəl]
형 개개의, 개인적인, 독특한
명 개인

provide
[prəváid]
동 ~을 공급하다, 제공하다
파 provided 접 만약 ~라면
providing 접 만약 ~라면
- provide A with B = provide B for A
  A에게 B를 공급하다
- provide for ~   ~에 대비하다

proper
[prápər]
형 적절한, 옳은, 적합한
파 properly 부 올바르게
appropriate 형 적절한

Using information technology, we are able to accomplish what was impossible in previous times.
정보기술을 사용함으로써 우리는 이전에는 불가능했던 것을 성취할 수 있다.

You have to take individual differences into account when providing our friends with proper advice.
친구에게 적절한 조언을 할 때는 개인적인 차이를 고려해야 한다.

개와 관련된 영어 표현

a (the) hair of the dog

전날 밤에 술을 많이 마시고 다음 날에 숙취(hangover)를 겪을 때 그 증세를 완화하기 위해 다시 한 번 마시는 '해장술'을 의미합니다. 자신을 문 개의 털을 뽑아서 붙였더니 그 상처가 나았다는 미신에서 유래한 표현입니다. 해장술은 몸에 해롭다고 하니 자제합시다.

제3장 산책하면서 외우는 영단어

MP3 3-23

accurate
[ǽkjurət]

형 정확한, 적확한
- 파 accuracy 명 정확함
- be accurate at[in] ~ ~가 정확하다

conduct
명 [kándʌkt]
동 [kəndʌ́kt]

명 행위, 품행
동 ① ~를 안내하다, 인도하다
② (열 등)을 전도하다

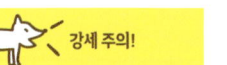 강세 주의!

 오케스트라의 지휘자를 conductor라고 합니다.

survey
명 [sə́rvei]
동 [sərvéi]

명 조사, 사정(査定)
동 ① ~를 조사하다 ② ~를 바라보다
- 유 investigation 명 조사
- examination 명 시험, 조사

 강세 주의!

obtain
[əbtéin]

동 ~를 얻다, 획득하다
- 유 get 동 ~를 얻다
- 반 lose 동 ~를 잃다

advance
[ədvǽns]

동 나아가다 명 전진, 진보
- 파 advanced 형 발전한, 상급의
- in advance 미리

reserve
[rizə́:rv]

동 ① ~를 따로 잡아 두다 ② ~을 예약하다
명 비축
- 파 reservation 명 예약

 레스토랑의 예약석은 reserved seat라고 합니다.

They conducted a survey in order to obtain accurate data about dog food preferences.

그들은 개 사료의 선호도에 대한 정확한 데이터를 얻기 위해 조사를 실시했다.

If you want to reserve seats for the weekend, you should call the theater in advance.

주말에 자리를 예약하고 싶다면, 극장에 미리 전화해야 한다.

제3장 산책하면서 외우는 영단어

MP3 3-24

agent
[éidʒənt]
- 명 ① 대리인, 대리점 ② 매개
  - 파> agency 명 대리점

ignore
[ignɔ́:r]
- 동 ~를 무시하다
  - 파> ignorance 명 무지(無知)
  - ignorant (of, about) 형 무지한, ~를 모르는
  - 유> neglect 명 태만 동 ~를 무시하다, 게을리하다

arrange
[əréindʒ]
- 동 ① ~를 배열하다, 정리하다
  ② ~를 미리 준비하다, ~를 마련하다
  - 파> arrangement 명 배열, 마련
  - arrange to do ~할 것을 준비하다

음악을 편곡하는 것도 arrange라고 합니다.

agreement
[əgrí:mənt]
- 명 ① 동의, 의견의 일치 ② 협정
  - 파> agree 동 동의하다
  - 반> disagreement 명 불일치

issue
[íʃu:]
- 동 ~를 내다, 발간하다
- 명 ① (잡지 등의) ~호 ② 문제점

arise
[əráiz]
- 동 일어나다, 출현하다, 발생하다
  - arise from ~ ~에서 발생하다

활용은 arise – arose – arisen

eventually
[ivéntʃuəli]
- 부 결국은, 마지막으로는
  - 파> event 명 사건, 일
  - eventual 형 결과로서 일어나는, 마지막의

trade
[tréid]
- 동 ① ~를 교환하다 ② 무역을 하다
- 명 통상, 무역
  - 파> trading 명 상거래
  - trade A for B A를 B와 교환하다

야구의 '트레이드(trade)'는 선수를 교환하는 일입니다.

The travel agent ignored my request that he arrange a trip to Hawaii for my dog.

그 여행사 직원은 나의 개를 위해서 하와이 여행을 준비해 달라는 내 요청을 무시했다.

짐도 다 싸 놓았는데...

Some issues arose along the way, but eventually the two countries reached a trade agreement.

몇 가지 문제가 중도에 발생했지만 그 두 나라는 최종적으로 무역 협정에 합의하였다.

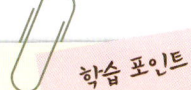

학습 포인트

사전의 사용

영어 공부를 계속하는 한 아무리 실력이 높아져도 모르는 단어가 있기 때문에 사전을 계속 찾아보아야 할 것입니다. 단어 중에는 다의어의 뜻도 함께 학습해야 하거나 발음 또는 연어(함께 자주 쓰이는 단어들의 결합)도 함께 학습하는 훈련을 해야 효율적으로 암기할 수 있는 것도 있습니다. 장기적인 학습에 도움이 되는 단어 사용법을 습관화합시다.

appeal
[əpíːl]

- 통 ① 애원하다 ② ~의 관심을 끌다
- 명 ① 매력 ② 호소
  - 파〉 appealing 형 매력적인
  - 🦴 appeal to A to do A에게 ~하도록 애원하다

literature
[lítərətʃər]

- 명 문학 (작품)
  - 파〉 literary 형 문학의
  - literal 형 문자 그대로의

appropriate
[əpróupriət]

- 형 적절한, 적당한, 잘 어울리는
  - 유〉 proper 형 적절한

강세 주의!

assure
[əʃúər]

- 통 ① ~를 보증하다 ② ~를 확신시키다
  - 파〉 assurance 명 확신, 보증
  - 🦴 assure A of B A에게 B를 보증하다

historical
[histɔ́(ː)rikl]

- 형 역사(상)의
  - 파〉 history 명 역사

 historic(역사상 유명한)과의 차이에 주의!

policy
[páləsi]

- 명 정책, 방침
  - 파〉 politics 명 정치

Literature has a special appeal for me.
나는 문학에 특히나 마음이 끌린다.

It is not appropriate to wave your tail when your owner orders you to be still.
주인님이 "기다려!"라고 명령할 때 꼬리를 흔드는 것은 적절하지 않아요.

I can assure you that he is the most popular historical figure among dogs; he had a unique policy regarding animals.
나는 그가 개들에게 가장 인기 있는 역사적 인물이라는 것을 장담할 수 있다.
그는 동물에 관해 유일무이한 정책을 시행했기 때문이다.

개가 나오는 속담

A dog is a man's best friend.

'개는 인간에게 최고의 친구'라는 뜻의 표현입니다.
이 문장에서 'man'은 남녀를 다 포함한 '인간'이라는 의미로 쓰였습니다.
'Man's best friend'라고 하기만 해도 원어민들은 그것이 개를 가리키고
있다고 알 수 있을 만큼 자주 쓰는 표현입니다.

제3장 산책하면서 외우는 영단어

MP3 3-26

evil
[íːvl]
- 형 나쁜, 사악한
- 명 악, 사악
  - 유> bad 형 나쁜

honor
[ánər]

 발음 주의!

- 명 ① 명예(가 될 물건), 영광 ② 존경
- 동 ~를 존경하다
  - 파> honorable 형 명예스러운
  - 🦴 in honor of ~ ~에 경의를 표하여
  - 🦴 have the honor of ~ing[to do]
    ~할 명예를 받다

immigrant
[ímigrənt]

 강세 주의!

- 명 (외국에서 온) 이민
  - 파> immigrate 동 (외국에서) 이주하다
    immigration 명 (외국에서) 이주
  - 반> emigrant 명 (외국으로 간) 이민

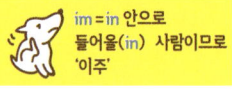
im = in 안으로
들어올(in) 사람이므로
'이주'

observe
[əbzə́ːrv]
- 동 ① ~를 관측하다 ② 지키다
  ③ (관찰해서) 알아차리다
  - 파> observation 명 관찰, 관측

entertain
[entərtéin]
- 동 ① (사람)을 즐겁게 하다 ② ~를 대접하다
  - 파> entertainment 명 접대, 오락

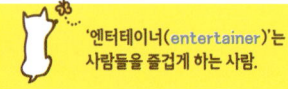
'엔터테이너(entertainer)'는
사람들을 즐겁게 하는 사람.

The town is controlled by a band of evil bulldogs.

그 동네는 못된 불도그 무리가 지배하고 있다.

The dog had the honor of having his statue displayed in the park.

그 개는 자신의 동상이 공원에 설치되는 명예를 얻었다.

The United States has more immigrants than any other industrialized country.

미국에는 다른 어느 산업 국가보다 이민자들이 많다.

I will show you how to entertain people, so just observe what I do.

사람들을 즐겁게 하는 방법을 보여줄 테니까, 내가 하는 걸 그냥 지켜보세요.

poison
[pɔ́izn]

명 독

파> poisonous 형 독이 있는, 유독한

note
[nóut]

명 ① (기억을 돕기 위한) 메모 ② 지폐
통 ~를 적어 놓다, 주의를 기울이다

note down ~ ~를 적어 놓다

> 문구인 노트는 notebook. note라고 하지 않습니다.

pour
[pɔ́:r]

통 붓다, 따르다

pour A B = pour B for A
A에게 B를 따라 주다

primary
[práimeri]

형 ① 최초의, 초기의 ② 주요한 ③ 초보의

파> primarily 부 주로, 최초에
유> elementary 형 기본적인, 초보의

religion
[rilídʒən]

명 종교

파> religious 형 종교의, 독실한, 신앙심이 깊은

 강세 주의!

You should note that onions are poison for dogs.

양파는 개에게는 독이라는 것을 주의해야 한다.

Pour some more water into my bowl, please.

제 사발에 물을 더 많이 부어 주세요.

I wish I could go to primary school with Olivia.

올리비아와 함께 초등학교에 갈 수 있다면 좋겠는데.

For some dogs religion is one of the most important aspects of their lives.

어떤 개들에게는 종교가 삶의 가장 중요한 면 중 하나다.

shore
[ʃɔːr]

명 해안, 해변 (바다·호수 따위) 기슭
- 유 seashore **명** 해안
- beach **명** 바닷가
- coast **명** 연안

stage
[stéidʒ]

명 ① 무대, 스테이지 ② 단계
동 ~를 상연하다
- at the early stage of ~ ~의 초기 단계에

trap
[træp]

명 덫, 올가미
동 덫으로 잡다, ~를 속이다

typical
[típikl]

형 ① 전형적인 ② ~를 대표하여
③ (~에) 특유한
- 파 typically **부** 전형적으로, 일반적으로
- type **명** 종류, 타입, 틀
- be typical of ~
  ~를 대표하다, ~의 특징을 보이고 있다

> type이 '종류'이니까
> typical은 '그 종류에 특유한'
> → '전형적인'이라는 뜻이 됩니다.

I tried to lie on the shore, but the sand was too hot.

해변에 누우려고 했는데, 모래가 너무 뜨거웠다.

Dogs are learning at every stage of their lives.

개는 일생의 모든 단계에서 학습을 하고 있습니다.

I was trapped in a hole children made in the sandbox.

저는 아이들이 모래사장에 만들어 놓은 구덩이에 갇혔어요.

Dog owners should understand the typical expressions we use.

주인님들은 우리가 쓰는 대표적인 표현들을 기억해야 해요.

개와 관련된 영어 표현

canine

'개과(科)의', '개 같은'이라는 뜻의 형용사.
canine tooth는 '송곳니'입니다. 발음 [keinain]에 주의합시다.

wisdom
[wízdəm]

명 지혜, 분별
- 파> wise 형 현명한
- 유> knowledge 명 지식

complicated
[kámpləkeitid]

형 복잡한
- 파> complicate 통 복잡하게 하다
- 유> complex 형 복잡한

dislike
[disláik]

통 ~를 싫어하다 명 혐오, 혐오하는 것
- dislike ~ing ~하기를 좋아하지 않다

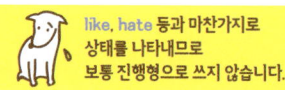

like, hate 등과 마찬가지로 상태를 나타내므로 보통 진행형으로 쓰지 않습니다.

female
[fíːmeil]

명 형 ① 여성(의) ② 암컷(의)
- 반> male 명 형 남성(의), 수컷(의)
- 유> feminine 형 여성의, 여성스러운
- the female sex 여성

As we get old, we learn
the wisdom of pleasing humans.

우리는 나이를 먹으면서 사람을 기쁘게 하는 지혜를 터득한답니다.

I cannot think of any task as complicated as addition.

저는 더하기가 가장 복잡한 일인 것 같아요.

What I particularly dislike about
this city is how bad the water tastes.

이 도시에 대해 내가 특별히 싫은 점은 물맛이 나쁘다는 것이다.

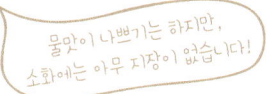

Do female dogs live longer than male dogs, as is the case
with humans?

인간의 경우와 마찬가지로 암캐가 수캐보다 오래 삽니까?

제3장 산책하면서 외우는 영단어

MP3 3-30

negative
[négətiv]

- 형 ① 부정적인, 음성의 ② 소극적인
- 명 (사진의) 음화
    - 반> positive 형 적극적인
    - 🦴 negative thinking 비관적 사고

---

plain
[pléin]

- 형 ① 명백한, 이해하기 쉬운 ② 솔직한
    ③ (맛이) 담백한
- 명 평원, 평야, 들

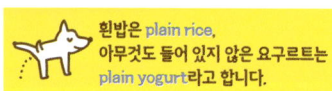
흰밥은 plain rice,
아무것도 들어 있지 않은 요구르트는
plain yogurt라고 합니다.

---

profit
[práfit]

- 동 이익을 얻다
- 명 (금전적) 이익, 수익
    - 반> profitable 형 유리한, 유익한, 벌이가 되는
    - 유> benefit 명 이익 동 ~의 이익이 되다

---

reflect
[riflékt]

- 동 ① ~를 반영하다, 반사하다
    ② 곰곰이 생각하다 (on, upon)
    - 파> reflection 명 반사, 반영
    - 🦴 reflect on[upon] ~
        ~를 반성하다, ~에 관해 숙고하다

Stress has the greatest negative effect on people today.

스트레스는 오늘날 사람들에게 가장 부정적인 영향을 준다.

스트레스 해소에는 구멍을 파는 것이 최고지!

Could you say that in plain dog language, please?

그것을 이해하기 쉬운 개 언어로 말해 주실래요?

여러 가지 이야기를 해주는데 솔직히 하나도 못 알아듣겠어.

It is natural for all businesses to try to make a profit.

모든 기업들이 이익을 올리려고 노력하는 것은 당연한 일이다.

알았어! 그럼 나도 내 이익(=먹이)을 위해 일(=주인에게 아부하기)을 해야지!

A dog's tail reflects how excited he is.

개의 꼬리는 그 개가 얼마나 흥분하고 있는지를 나타낸다.

개가 나오는 속담

The tail is wagging the dog.

'본말전도(本末顛倒)'라는 뜻입니다. tail은 '개의 꼬리', wag는 '(꼬리를) 흔들다'라는 뜻이므로 "The dog is wagging the tail(개가 꼬리를 흔들고 있다)."이 아니라 "The tail is wagging the dog(꼬리가 개를 흔들고 있다)."니까 '본말전도'인 것을 알 수 있을 것입니다.

제3장 산책하면서 외우는 영단어

MP3 3-31

relation
[riléiʃən]

명 관계, 관련
파> **relationship** 명 관계
relate 동 관계가 있다, ~를 관련짓다
🦴 relation between *A* and *B*
A와 B의 관계

rush
[rʌ́ʃ]

동 서두르다
명 돌진
🦴 rush to *do* 서둘러 ~하다

> 전철 등이 혼잡한 시간.
> 러시아워(rush hour)의 rush입니다.

seek
[síːk]

동 ~를 찾다, 구하다
유> **search** 동 명 탐구(하다)
🦴 seek for[after] ~ ~를 찾다

> 활용은
> seek - sought - sought

transport
동 [trænspɔ́ːrt]
명 trǽnspɔːrt]

동 수송하다, ~를 나르다
명 운송
파> **transportation** 명 수송

> 강세 주의!

> export (수출하다)
> import (수입하다) 등의
> port에는 '나르다'라는 뜻이 있습니다.

There's no relation between
the missing food and my stomachache.

음식이 사라진 것이랑 제가 배가 아픈 것은
아무 관련이 없어요.

Please don't be in such a rush
when you walk me.

저를 산책시킬 때 그렇게 서두르지 말아주세요.

자전거를 따라가는 것도
꽤 힘들어요.

Dogs are always seeking happiness.

개는 언제나 행복을 추구한다.

행복은 접시를
타고 찾아온다...

Some dogs formerly transported goods.

어떤 개들은 예전에 물건을 수송했다.

지금은 주인님의 신발을
몰래 나르고 있지♥

whereas
[hwɛəræz]

접 (두 가지 사실을 비교·대조할 때) ~인데 한편, ~인 것과 대조적으로

유> while **접** ~인 한편, ~하는 한편
although **접** ~지만
though **접** ~지만

whisper
[hwíspər]

동 속삭이다, 귓속말을 하다
명 속삭임

crew
[krúː]

명 (비행기·배 등의) 전체 승무원, 탑승원

한 대의 비행기나 배의 탑승원 전원을 집합적으로 가리킬 때 사용(승객은 제외).

debt
[dét]

명 ① 빚, 부채 ② 빚(부채)을 진 상태
be in debt to A   A에 대해 빚이 있다

 발음 주의!

What was the name of that song that goes something like "Dogs run outside, whereas cats lie asleep in the room?"

"개는 바깥을 뛰어다니고, 고양이는 방에 누워 자고 있다."라는 내용의 가사로 시작하는 노래 제목이 뭐였죠?

기분 탓이겠죠.

I thought I heard my dog whisper, "This is just between you and me, but ..."

나는 "이건 당신과 저만의 비밀인데요…."라고 개가 속삭이는 것을 들은 것 같았다.

That dog thinks he is one of the crew members.

그 개는 자신이 승무원의 일원인 줄 알고 있다.

운전까지 시키면서 무슨 말씀!

Some people spend more than they earn and get into debt when they pay by credit card.

어떤 사람들은 신용 카드로 지불할 때 자신이 번 것보다 더 많은 돈을 써서 빚을 진다.

개와 관련된 영어 표현

underdog

underdog은 '(승부 등에서) 이길 가능성이 없는 사람', '희생자'를 가리키는 말로 한국에서 말하는 '루저(loser)'와 비슷한 단어입니다. 반대말은 top dog입니다(215쪽 참조).

estimate
통 [éstəmeit]
명 [éstəmət]

통 ① ~를 추산하다 ② ~를 평가하다
명 견적서
- 파> estimation 명 견적서
- estimate A at B A를 B라고 평가[견적]하다

발음 주의!

institution
[ìnstətjúːʃən]

명 ① 제도 ② 공공기관 ③ 단체
- 파> institutional 형 제도상의
- institute 명 학회, 조직

sum
[sʌ́m]

명 합계, 총액
통 ① ~를 합산하다 ② ~를 요약하다
- 유> summary 명 요약
- in sum 요약하면, 요컨대
- sum up ~를 합계하다

발음 주의!

lay
[léi]

통 ① ~를 놓다, 눕히다 ② 두다
③ (알을) 낳다

활용은 lay – laid – laid
lie – lay – lain(눕다)과
혼동하지 맙시다.

pause
[pɔ́ːz]

명 통 ① 중지(하다) ② 정지하다

I estimated the damage to the park caused by that stray dog.

나는 저 들개가 공원에 입힌 손해를 추산했다.

A large sum of money was donated to the seeing eye dog training institution.

거액의 기부금이 맹인안내견 훈련 기관에 들어왔다.

Dogs lay back their ears when they feel afraid.

개는 두려움을 느끼면 귀를 뒤로 젖힌다.

The dog paused for a long time in front of the mirror.

그 개는 거울 앞에서 오랫동안 멈춰 있었다.

제3장 산책하면서 외우는 영단어

MP3 3-34

principal
[prínsəpl]

형 중요한, 주요한, 제1의
명 교장

 principle(원리)과 혼동하지 마세요.

---

range
[réindʒ]

명 ① 범위 ② 열, 늘어선 것, 줄
동 ① 한 줄로 서다 ② (범위가) ~에 이르다
- a wide range of ~ 폭 넓은 ~
- range from A to B A에서 B에 이르다

---

rank
[rǽnk]

명 계급, 지위
동 ~를 늘어놓다, ~에 순위를 매기다
파〉 ranking 명 순위, 랭킹

 '판매 랭킹(ranking)'은 상품을 매상이 높은 순서로 나열한 것.

---

row
[róu]

명 열, 줄
- in a row 한 줄로, 연속해서

 raw(익히지 않은)와 발음 차이에 주의!

The dog policeman was speaking with the dog principal.

경찰견이 교장견과 이야기하고 있었다.

Dogs have a wide range of abilities in order to live with humans.

개는 인간과 공존하기 위한
광범위한 능력을 가지고 있다.

Dogs know their own rank within their family.

개는 집 안에서 자신의 서열을 알고 있다.

The dog was sitting in the first row at the concert.

그 개는 콘서트에서
첫 번째 열에 앉아 있었다.

개와 관련된 영어 표현

lucky dog

lucky dog은 직역하면 '운이 좋은 개'인데, '운이 좋은 사람', '행운아'도 뜻합니다. dog에는 '사내', '녀석'과 같은 뜻이 있기 때문에 lucky dog은 '운이 좋은 사람'이라는 뜻이 될 수 있습니다. "You, lucky dog!"이라고 하면 "당신은 운이 좋군요!"라는 뜻입니다.

secure
[sikjúər]

- 혱 안전한, 확실한
- 동 ~를 확보하다, 획득하다
  - 파〉 security 명 안전

solid
[sálid]

- 명 혱 ① 고체(의) ② 단단한
  ③ 튼튼한, 탄탄한

> 액체는 liquid,
> 기체는 gas라고 합니다.

sudden
[sʌ́dn]

- 혱 갑작스러운, 불시의
  - 파〉 suddenly 부 갑자기
  - 🦴 all of a sudden 갑자기

tiny
[táini]

- 혱 아주 작은
  - 반〉 enormous, huge 혱 거대한

I can feel more secure if he has locked the gate.

그가 문을 잠그고 가면 나는 더 안심할 수 있다.

When water becomes a solid state, its volume expands.

물은 고체 상태가 되면 부피가 늘어난다.

I don't understand this sudden cancellation of my walk.

저는 산책이 이렇게 갑자기 취소된 걸 이해할 수 없어요.

That puppy is really tiny.

저 강아지는 아주 조그마하다.

제3장 산책하면서 외우는 영단어

MP3 3-36

ancestor
[ǽnsestər]

명 조상, 선조
반 descendant 명 자손

 강세 주의!

involve
[inválv]

동 ① ~를 참여시키다 ② ~를 포함하다
파 involvement 명 관련
    involved 형 관련된
🦴 get involved ~
    ~에 연루되다, 관련되다

delicate
[délikət]

형 ① 섬세한, 품위 있는 ② 세밀한, 미묘한
파 delicacy 명 섬세함, 우아함

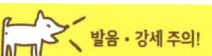 발음·강세 주의!

employ
[implɔ́i]

동 ① ~를 고용하다 ② ~를 사용하다, 쓰다
파 employment 명 고용
    employee 명 종업원
    employer 명 고용주
🦴 the employed 취업자

 -er는 '~하는 사람'
-ee는 '~되는 사람'

Would you believe that both whales and dogs come from the same ancestor?

고래와 개의 조상은 동일하다는 것을 믿을 수 있겠어요?

Judging from these footprints, I think you were involved in the case of the missing shoes, right?

이 발자국으로 판단해보면,
당신이 사라진 신발 사건에 연루되어 있다는 생각이 드는데, 그렇죠?

Because I'm such a tiny dog, please treat me with care.
I'm very delicate.

저는 아주 조그마한 개니까 조심해서 다루어 주세요.
저는 아주 연약하답니다.

I was employed as the mascot for that TV commercial.

저는 그 TV 광고의 마스코트로 고용되었습니다.

개와 관련된 영어 표현

work like a dog

비틀스의 'A Hard Day's Night'라는 곡에 'work like a dog'이라는 비유적인 표현을 사용하고 있습니다. 이것은 직역하면 '개같이 일하다'인데 비유적으로 '필사적으로 일하다', '노예처럼 일하다'라는 뜻으로 사용합니다.

expose
[ikspóuz]

동 ① ~를 노출시키다 ② ~를 폭로하다
- 파> exposure **명** 노출, 폭로
- 유> reveal **동** ~를 밝히다
- expose A to B A를 B에 노출시키다
- expose oneself to ~ (위험 등에) 노출시키다

grand
[grǽnd]

형 웅대한, 위엄 있는, 당당한

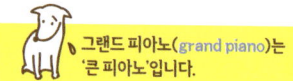
그랜드 피아노(grand piano)는 '큰 피아노'입니다.

height
[háit]

명 ① 높이, 신장 ② 높은 곳
- 파> high **형** 높은
- heighten **동** ~를 높이다
- at the height of ~ ~의 절정에서

발음 주의!

height(신장)와 weight(몸무게)는 세트로 기억합시다.

incident
[ínsidənt]

명 일, 사건
- 파> incidental **형** 부수적인
- 유> event **명** (특별한) 일, 행사

Skin cancer can occur on parts of the body that are repeatedly exposed to the sun.

피부암은 햇빛에 반복적으로 노출되는 신체의 부위에 발생할 수 있다.

발바닥 빼고 전부잖아!

I could play the grand piano.

나도 그랜드 피아노 정도는 칠 수 있다.

자신 있는 곡은 쇼팽의 '강아지의 왈츠'랍니다.

I have a fear of heights.

나는 고소 공포증이 있다.

어째서 우리 집은 45층인가요...

The "knocking-over-the-vase" incident was not my fault.

'넘어뜨린 화병' 사건은 제 잘못이 아니예요.

저를 의심하는 건가요? 제 눈을 보면서도!?

제3장 산책하면서 외우는 영단어

MP3 3-38

income
[ínkʌm]

명 수입, 소득
반 outgo 명 지출
- a high[large] income 고수입
- a low[small] income 저수입

> Dinks(double income no kids)는 아이가 없는 맞벌이 부부.

labor
(英) labour
[léibər]

명 노동
파 laborer 명 노동자
- manual labor 육체노동

mention
[ménʃən]

동 ~에 관해서 진술하다, 언급하다
- Don't mention it. 별 말씀을요.
- not to mention ~ ~는 말할 것도 없이

wage
[wéidʒ]

명 임금
동 (투쟁·전쟁)을 실행하다
유 pay, salary 명 급여

lung
[lʌ́ŋ]

명 폐
- lung cancer 폐암

발음 주의!

proof
[prúːf]

명 증명, 증거
파 prove 동 ~를 증명하다
유 evidence 명 증거

Two-income couples are now more common than ever before.

맞벌이 부부는 이제 이전보다 훨씬 더 보편적이다.

Labor Laws do not mention anything about the minimum wage for dogs!

노동법에는 개의 최저 임금에 관해서 아무것도 거론되어 있지 않습니다!

There's plenty of proof that lung cancer and smoking are related.

폐암과 흡연이 관련이 있다는 많은 증거가 있다.

merely
[míərli]

부 한낱, ~에 불과한
- 파 mere 형 단지
- 유 only 형 유일한 부 단지 ~만이
- not merely[only] A but (also) B
  A뿐만 아니라 B도 또한

obvious
[ábviəs]

형 분명한, 명백한
- 파 obviously 부 명백히
- 유 apparent 형 분명한
- It is obvious that ~
  ~인 것은 명백하다

occupy
[ákjəpai]

동 ① ~를 차지하다 ② 점령하다
- 파 occupation 명 직업, 점령

spare
[spéər]

형 예비의, 남은
동 ① (시간 등을) 내다
   ② (노고를) 아끼다
- spare A B = spare B for[to] A
  A에게 B를 내어 주다

 spare key는
예비 열쇠(여벌 열쇠)

operation
[apəréiʃən]

명 ① 조작, 활동 ② 수술
- 파 operate 동 ~를 조작하다
  operator 명 조작하는 사람, (전화) 교환원

recover
[rikʌ́vər]

동 회복하다 (from), 되찾다
- 파 recovery 명 회복
- recover from ~ ~에서 회복하다

I'm merely a puppy.
Please forgive me!

저는 그저 강아지일 뿐이에요. 용서해 주세요!

It is obvious that Riki stole meat from the refrigerator.

리키가 냉장고 안의 고기를 훔쳐 먹은 게 분명하다.

Most of that dog's spare time is occupied by sleeping.

저 개의 남는 시간 대부분은 잠이 차지하고 있다.

That dog recovered very quickly after his operation.

수술 후 그 개는 아주 빨리 회복했다.

permanent
[pə́ːrmənənt]

형 영구적인, 영원한
- 파> permanently 부 영원히
- 반> temporary 형 일시적인

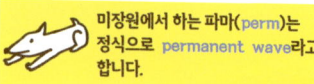
미장원에서 하는 파마(perm)는 정식으로 permanent wave라고 합니다.

raw
[rɔ́ː]

형 익히지 않은, 날것의
- 반> cooked 형 조리된
- raw materials 원료

발음 주의!

stuff
[stʌ́f]

명 물건, 물질
동 ~를 채우다
- stuff A with B A 안에 B를 채워 넣다

staff(직원·사원)과 혼동하지 마십시오.

virtue
[və́ːrtʃuː]

명 덕, 미덕
- 반> vice 명 악덕
- by[in] virtue of ~ ~덕분에

Dogs also have permanent teeth.

개도 영구치가 있습니다.

I can't eat raw fish as it is.

저는 날 생선은 그냥 못 먹어요.

"What's this stuff on the floor?"
"Oh, no! It's Rex's drool!"

"이 바닥에 있는 건 뭐야?"
"안 돼! 그건 렉스의 침이야!"

Loyalty is a virtue in dogs.

충직은 개의 미덕 중 하나이다.

학습 포인트

프로그램이나 애플리케이션의 활용

단어 학습에서는 복습이 아주 중요합니다. 요즘에는 컴퓨터의 프로그램이나 스마트 폰의 애플리케이션처럼 자신의 수준에 맞춰 필요한 어휘를 자유시간에 효율적으로 학습할 수 있는 방법들이 있습니다. 여러 가지를 시험해 보고 자신에게 맞는 것을 골라 활용해 봅시다.

🐾 애견가를 위한 명언　Part 3

If a dog jumps into your lap, it is because he is fond of you; but if a cat does the same thing, it is because your lap is warmer.

개가 당신 무릎 위에 올라타는 것은 당신을 좋아해서 그런 것이다.
하지만 고양이가 그럴 때는 당신의 무릎이 따뜻하기 때문이다.
-영국의 수학자 Alfred North Whitehead

🐾 고양이도 좋지만 무릎 위에 앉아 있는 개의 온기를 느끼는 것은 무척 행복한 일입니다.

Dogs never bite me. Just humans.

개는 절대 나를 물지 않는다. 무는 것은 인간이다.
-미국의 여배우 Marilyn Monroe

🐾 파란만장한 인생을 보낸 그녀가 말한 설득력이 있는 명언입니다. 그녀의 애견은 말티즈였답니다.

The most affectionate creature in the world is a wet dog.

세계에서 가장 사랑스러운 동물은 비에 젖어 떨고 있는 개다.
-미국의 작가 Ambrose Gwinnett Bierce

🐾 비에 젖은 개를 보면 그냥 둘 수가 없어서 안 되는 줄 알면서도 집으로 데리고 가거나 우산을 두고 가거나 할 때가 있습니다.

No one appreciates the very special genius of your conversation as the dog does.

개만큼 대화를 나누는데 있어서의 당신의 특별한 천재성을 인정해주는 자는 없을 것이다.
-미국의 작가 Christopher Darlington Morley

🐾 회의 중 제대로 설명하지 못한다… 사랑하는 사람에게도 말을 걸지 못한다… 이럴 때는 개에게 다정하게 말을 걸어 보십시오.

제4장

밥을 기다리면서 외우는
영단어

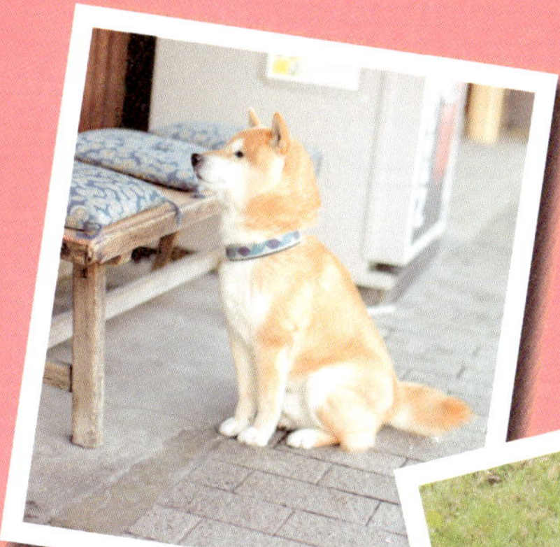

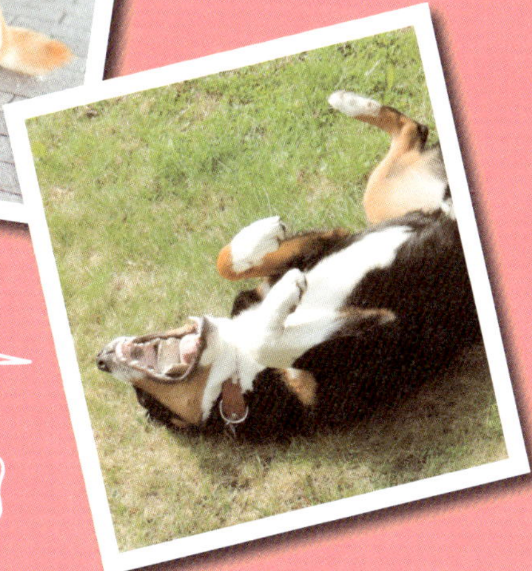

제4장 밥을 기다리면서 외우는 영단어

MP3 4-01

owe
[óu]

- 동 ① ~을 빚지고 있다
- ② ~에게 (신세 등을) 지다, ~덕분이다
  - owe A B = owe B to A
    A에게 B를 빚지고 있다, A에게 B를 지고 있다
  - owing to ~ ~ 때문에

beneath
[biníːθ]

- 전 ~아래에[의], ~밑에[의]
  - 유 under, below 전 ~밑에[의]

surface
[sə́ːrfis]

- 명 형 표면(의), 외관(상의)
- 동 표면에 나타나다, 표면화하다

capacity
[kəpǽsəti]

- 명 ① 수용 능력, 용량 ② 능력
  - 파 capable 형 ~할 수 있는

purchase
[pə́ːrtʃəs]

- 동 ~를 구입하다, 사다
- 명 구입(품)
  - 유 buy 동 ~를 사다

 발음 주의!

We owe the dog 5,000 won.
우리는 그 개에게 5,000원을 빚지고 있다.

1주일에 1%씩 이자가 붙습니다.

앗!! 마그마를 찾았어!

Magma is found far beneath the earth's surface.

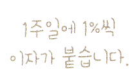

거짓말!

마그마는 지구 표면의 훨씬 아래에서 발견된다.

I want my owner to purchase a doghouse with greater housing capacity.

주인님이 수용 능력이 더 큰 개집을 구입해 주시면 좋겠어요.

동거인이 생겨서 좀 좁거든요.

개와 관련된 영어 표현

kennel

kennel은 영국 영어로 '개집'(미국 영어로는 dog house). '개(犬)가 자다' 니까 'kennel은 개집'이라고 기억할 수 있습니다. 비유적으로 '개집 같은 집', 즉 '초라한 집'이라는 뜻도 될 수 있습니다.

제4장 밥을 기다리면서 외우는 영단어

MP3 4-02

cave
[kéiv]
- 명 동굴
- 동 함몰하다, 무너지다

enemy
[énəmi]
- 명 적, 적군
- 반> friend 명 우리 편, 동지

detail
[ditéil]/[dí:teil]
- 명 상세, 세부, 세목(細目)
- 파> detailed 형 상세한
- in detail 자세히, 상세하게

consume
[kənsjú:m]
- 동 ~를 소비하다, 소진하다
- 파> consumption 명 소비
- consumer 명 소비자
- 반> produce 동 생산하다

current
[kə́:rənt]
- 형 지금의, 현재의
- 명 ① 흐름, 조류 ② 시류(時流)
- 파> currency 명 통화(通貨), 유통

 발음 주의!

People who lived in caves drew pictures of battles with their enemies in detail on the walls.

동굴에 살았던 사람들은 적들과 싸우는 장면을 벽에 자세하게 그렸다.

At the current rate we are consuming energy resources much too quickly.

현재 속도를 보면, 우리는 너무나 빨리 에너지 자원을 소비하고 있다.

개와 관련된 영어 표현

Maltese dog

Maltese는 '몰타 섬', '몰타 인의', '몰타어의' 등을 의미하는 형용사입니다. Maltese dog이라고 하면 '말티즈 개'를 가리킵니다. 말티즈 개가 몰타 섬이 원산지라고 생각한 데서 비롯한 것이죠. 하지만 실제로 말티즈 개의 원산지가 몰타 섬인지는 여러 가지 설이 분분할 뿐 몰타 사람들 가운데 말티즈 개를 모르는 사람도 있다고 합니다.

제4장 밥을 기다리면서 외우는 영단어

MP3 4-03

contribute
[kəntríbjuːt]

 강세 주의!

- 동 ① ~에 기여하다, ~에 공헌하다 (to)
- ② ~의 원인이 되다 (to)
- 파〉 contribution 명 기부
- contribute A to[for] B
  A를 B에 기부하다

extra
[ékstrə]

- 형 추가의[로], 가외의
- 명 추가되는 것, 추가 요금

영화나 드라마의 '엑스트라'는 여기서 나온 말입니다.

courage
[kə́ːridʒ]

 발음 주의!

- 명 용기, 배짱
- 파〉 courageous 형 용감한
- encourage 동 ~를 격려하다

curious
[kjúəriəs]

- 형 호기심 강한, 궁금한
- 파〉 curiosity 명 호기심

democracy
[dimάkrəsi]

- 명 민주주의, 민주정치

principle
[prínsəpl]

- 명 원리, 원칙, 방침
- in principle 원칙적으로, 원칙으로는

principal(주요한, 교장 선생)과 혼동하지 맙시다.

political
[pəlítikl]

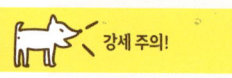 강세 주의!

- 형 정치상의, 정치적인
- 파〉 politics 명 정치
- politician 명 정치인
- policy 명 정책, 방침

I'm contributing to the mental comfort
of my owner by not begging for extra dog food.

저는 개 사료를 더 달라고 조르지 않는 걸로 주인님의 정신 건강에 기여하고 있어요.

I don't have the courage
to bark at other dogs.

다른 개를 보고 짖을 용기가 나지 않는다.

I'm curious about what cats are eating.

고양이가 무엇을 먹고 있는지 궁금해.

The principle of democracy is
political equality.

민주주의의 원칙은 정치적 평등이다.

개와 관련된 영어 표현

like cats and dogs

'like cats and dogs'(영국 영어에서는 'like cat and dog')는 '심하게'라는 뜻입니다. 'rain cats and dogs'는 '비가 억수같이 내리다', 'fight[argue] like cats and dogs'는 '심하게 싸우다'라는 뜻입니다. 한국어에서는 안 좋은 사이를 '개와 원숭이 사이'라고 하는데, 영어로는 '개와 고양이 사이'인 것 같습니다.

제4장 밥을 기다리면서 외우는 영단어

MP3 4-04

distinguish
[distíŋgwiʃ]
- 동 ~를 구별하다, 식별하다
  - 파> distinct 형 뚜렷한
  - distinction 명 구별
  - 🦴 distinguish A from B A와 B를 식별하다

immediately
[imí:diətli]
- 부 즉시, 바로
  - 파> immediate 형 즉시의
  - 유> as soon as ~ ~하자마자

excessive
[iksésiv]
- 형 과도한, 과대한
  - 파> excess 명 초과(超過)
  - exceed 동 넘다
  - 반> moderate 형 적절한

passion
[pǽʃən]
- 명 열정, 정열, 열중
  - 파> passionate 형 열정적인

exhaust
[igzɔ́:st]
- 동 ① ~를 다 써 버리다, 고갈시키다
  ② ~를 기진맥진하게 만들다
  - 유> tire 동 ~를 피곤하게 하다
  - 🦴 be exhausted 기진맥진하다

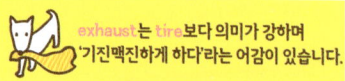
exhaust는 tire보다 의미가 강하며 '기진맥진하게 하다'라는 어감이 있습니다.

fully
[fúli]
- 부 ① 충분히, 완전히 ② 온통
  - 파> full 형 가득 찬, 충분한

direction
[dərékʃən]
- 명 ① 방향 ② 지시, 설명
  - 파> direct 동 ~를 지시하다, (길)을 가리키다
  - 🦴 in the direction of ~ ~의 방향으로

My owner can immediately distinguish me from other dogs even in a big park.

주인님은 넓은 공원에 있어도 다른 개와 저를 즉시 구별하실 수 있어요.

My owner can't understand my excessive passion for walks.

주인님은 산책에 대한 저의 지나친 열정을 이해하지 못하세요.

I got fully exhausted because I went in the wrong direction while on my walk.

산책하다가 엉뚱한 방향으로 가는 바람에 완전히 지쳐버렸습니다.

guilty
[gílti]

- 형 유죄의, 죄를 범한
  - 파> guilt 명 죄, 유죄
  - 반> innocent 형 무죄의, 무고한
  - be guilty of ~ ~라는 죄가 있다

scatter
[skǽtər]

- 동 ~를 흩뿌리다, ~를 뿌리다
  - scatter A with B
  - A(장소)에 B(물건)를 흩뿌리다

hire
[háiər]

- 동 ① ~를 고용하다 ② ~를 빌리다
  - 유> employ 동 ~를 고용하다
  - borrow 동 ~를 빌리다
  - rent 동 ~를 임대하다

genius
[dʒíːniəs]

- 명 천재

educate
[édʒukeit]

- 동 ~를 교육하다
  - 파> education 명 교육
  - educational 형 교육의, 교육적인

I feel guilty about scattering books and papers.

책이랑 신문을 여기저기 흩뜨려 놓아서 죄책감을 느낍니다.

I am a genius, so you don't have to go and hire a dog trainer to educate me.

나는 천재니까 나를 교육시키려고 조련사를 고용할 필요가 없어요.

어원으로 기억하는 duc / duct

duc / duct는 '이끌다'라는 뜻입니다.
introduce는 「intro(안으로) + duce(이끌다)」, 즉 '소개하다', produces는 「pro(앞으로) + duce(이끌다)」, 즉 '생산하다', educate는 「e(밖으로) + duc(이끌다) + ate(하다)」, 즉 '교육하다', reduce는 「re(원래로) + duce(이끌다)」, 즉 '줄이다', conduct는 「con(함께) + duce(이끌다)」, 즉 '안내하다, 지휘하다'가 됩니다.

hunt
[hʌ́nt]

- 동 명 ① ~를 사냥, 수렵(하다)
- ② ~를 찾다
- 파> hunting 명 사냥, 수렵
- hunter 명 사냥꾼, 수렵가

fur
[fə́:r]

- 명 모피 (제품)
- fur coat 모피 외투

manufacture
[mæ̀njəfǽktʃər]

- 동 ~를 제조하다, 생산하다
- 명 제조
- 파> manufacturer 명 제조업자

severe
[sivíər]

- 형 극심한, 엄격한
- 유> strict 형 엄격한
- be severe with ~ ~에 대해 엄격하다

punish
[pʌ́niʃ]

- 동 ~를 처벌하다
- 파> punishment 명 처벌
- punish A for B A를 B 때문에 처벌하다

Some people are against fur products because animals are hunted to manufacture them.

일부 사람들은 모피 제품에 반대하는데 동물들을 사냥해서 그걸 만들기 때문이다.

To punish me by not feeding me is too severe!

밥을 굶기는 걸로 벌을 주다니, 너무 심해요!

학습 포인트

정형 문구 표현으로 기억하자

influence(영향)라는 단어를 기억할 때 have an influence on이라는 자주 쓰는 정형 문구 표현(collocation이나 chunk, 혹은 idiom이라고도 함)으로 기억해 두면 influence가 명사이며 그러한 단어들과 함께 쓰이는 경우가 많다는 것을 알 수 있습니다. 이렇게 정형 표현으로 기억해 두면 쓰기나 말하기에도 도움이 되고, 독해에서도 읽는 속도가 빨라져서 큰 도움이 될 수 있습니다.

제4장 밥을 기다리면서 외우는 영단어

MP3 4-07

tense
[téns]

형 긴장된

surround
[səráund]

동 ~를 둘러싸다, 포위하다

파> surroundings **명** 환경

be surrounded by[with] ~
~에 둘러싸여 있다

absolutely
[ǽbsəlu:tli]

부 완전히, 틀림없이

파> absolute **형** 완전한, 절대적인

Absolutely.
그렇소[옳소]. (동의의 대답으로)

decision
[disíʒən]

명 결정, 결단, 결의

파> decide **동** ~를 결정하다, 결심하다

make a decision 결정을 내리다

absorb
[əbsɔ́:rb]

동 ① ~를 흡수하다 ② ~에 열중하게 하다

be absorbed in ~   ~에 열중하고 있다

That dog felt a bit tense because he was surrounded by other dogs.

그 개는 다른 개들에게 둘러싸인 탓에 조금 긴장했다.

I was not absolutely sure about my decision.

나는 내 결정을 완전히 확신하진 않았다.

The dog is completely absorbed in the video game.

그 개는 비디오 게임에 푹 빠져 있다.

accuse
[əkjúːz]

동 ~를 비난하다, 호소하다
파〉 accusation 명 고소, 비난
accuse A of B
A를 B 때문에 비난하다

adequate
[ǽdikwət]

형 ① 충분한 ② 적합한, 적당한
파〉 adequately 부 충분히
유〉 proper, appropriate 형 적절한

available
[əvéiləbl]

형 ① 이용 가능한, 입수 가능한
② 비어 있는, 준비 가능한

affair
[əféər]

명 ① 문제 ② 사정, 정세 ③ 사건, 일
international affairs 국제 문제

financial
[fainǽnʃəl]

형 재정상의, 금융의
파〉 finance 명 재정, 재원

significant
[signífəkənt]

형 중요한, 의미 있는
파〉 significance 명 의미, 중요성
signify 동 의미하다
유〉 important 형 중요한

The neighbors accused him of letting his dogs run loose during the party.

이웃 사람들은 파티를 하는 동안 그가 자신의 개를 제멋대로 돌아다니게 놔두었다고 비난했다.

*trick or treat: 핼러윈에 아이들이 집집마다 외치며 다니는 말로 "과자를 안 주면 장난칠 거예요."라는 뜻

An adequate amount of information is not always available to dogs living in the country.

시골에 사는 개들은 충분한 양의 정보를 늘상 접하지는 못한다.

*동물애호령: 17세기 후반 일본에 내려진 동물 살생 금지령으로 1709년 폐지되었음.

Japan can play a significant role in world affairs by means of its financial power.

자금력을 무기로 일본은 국제 관계에서 중요한 역할을 할 수 있다.

alter
[ɔ́:ltər]

통 ~를 변경하다, 바뀌다

파> alternative 형 대안의 명 대안, 양자택일
alternate 형 상호의

---

climate
[kláimət]

명 기후

유> weather 명 날씨

mild[severe] climate 온화한[극심한] 기후

 climate는 일 년을 통틀어 본 기후, weather는 특정한 날의 날씨를 말합니다.

---

entire
[intáiər]

형 ① 전체의 ② 완전한

파> entirely 부 완전히
유> whole 형 전체의

 entire는 명사 앞에만 사용합니다.

---

apart
[əpá:rt]

부 떨어져, 따로, 헤어져

apart from ~
~는 제외하고, ~에서 떨어져

---

apparent
[əpǽrənt]

형 분명한, 명백한

파> appear 통 나타나다, ~과 같다, ~처럼 보이다
apparently 부 외견상으로, 듣자[보아]하니

It is apparent that ~   ~는 명백하다

---

enormous
[inɔ́:rməs]

형 막대한, 거대한

파> enormously 부 지극히
유> huge 형 거대한
반> tiny 형 작은

---

effect
[ifékt]

명 ① 영향, 효과 ② 결과

파> effective 형 효과적인, 유효한

cause and effect   원인과 결과, 인과

Global warming has altered the climate of the entire world.
지구 온난화가 전 세계의 기후를 바꿨다.

I live five yards apart from my master.
저는 주인님으로부터 5미터 떨어진 곳에 살고 있어요.

It is apparent that parents have an enormous effect on their children.
부모가 아이에게 큰 영향을 주는 것은 분명하다.

제4장 밥을 기다리면서 외우는 영단어

MP3 4-10

association
[əsòusiéiʃən]

명 ① 연상(聯想), 관련성 ② 협회 ③ 조합(組合)
파> associate 동 ~를 연상하게 하다, 관련시키다

attend
[əténd]

동 ① ~에 출석하다 ② 주의하다
파> attendance 명 출석
　　attention 명 주의, 주목

confirm
[kənfə́:rm]

동 ~를 확인하다
파> confirmation 명 확인

con(완전히) + firm(딱딱하다)→
'완전히 굳어진 것으로 하다'→
'확인하다'가 됩니다.

fault
[fɔ́:lt]

명 결함, 과실, 오류
　find fault with ~ ~의 흠을 찾다, 나무라다

테니스의 서브 실수를 '폴트
(fault)'라고 합니다.

normally
[nɔ́:rməli]

부 ① 보통은 ② 항상, 평소는
파> normal 형 정상적인, 보통의

rare
[réər]

형 드문, 희한한, 희귀한
파> rarely 부 좀처럼 ~하지 않는

exception
[iksépʃən]

명 예외, 제외
파> except 전 ~를 제외하고는
　　exceptional 형 예외적인
　without exception 예외 없이

Last year we attended the annual convention of the National Association of Dogs.

작년에 우리는 전국 개 협회의 연례 회의에 참석하였다.

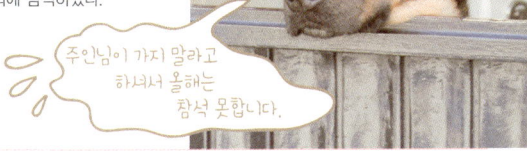

I forgot to confirm whether the hotel had a swimming pool for dogs.

나는 그 호텔에 개 전용 수영장이 있는지 확인하는 것을 잊어버렸다.

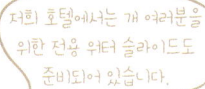

It was entirely my fault that I ate my owner's breakfast!

주인님의 아침밥을 먹어버린 것은 완전히 제 잘못이었어요.

Humans normally can't understand dog language, but my owner is a rare exception.

사람들은 대개 개의 말을 이해하지 못하는데 우리 주인님은 드문 예외입니다.

reputation
[repjutéiʃən]

명 평판, 명성
- have a good[bad] reputation
  평판이 좋다

awake
[əwéik]

동 (잠에서) 깨다, 깨우다
형 깨어 있는, (아직) 잠들지 않은
- 반> asleep 형 잠이 든
- 유> wake 동 잠이 깨다, 눈을 뜨다, 각성시키다

동사 활용은,
awake - awoke - awoken

awful
[ɔ́ːfl]

형 ① 끔찍한, 지독한 ② (정도가) 엄청난
- 파> awfully 부 엄청나게
- 유> terrible 형 끔찍한

charm
[tʃáːrm]

명 ① 매력 ② 마력
동 ~을 매혹하다, 매력으로 사로잡다
- 파> charming 형 매력적인

confidence
[kάnfidəns]

명 ① 자신 ② 신용, 신뢰
- 파> confident 형 확신하는
  confidential 형 내밀한, 비밀의
- have confidence in ~
  ~를 신뢰하고 있다

compete
[kəmpíːt]

동 경쟁하다, 겨루다 (with)
- 파> competition 명 경쟁
  competitor 명 경쟁 상대
- compete with ~   ~와 경쟁하다

That beauty salon has a reputation of treating dog customers as if they were human.

그 미장원은 개 고객을 마치 사람처럼 대접해준다는 평판이 있다.

I was awake all night with an awful headache.

나는 지독한 두통으로 밤새도록 깨 있었다.

I have confidence in my charm. I think no one can compete with me.

나는 내 매력에 자신이 있어. 아무도 나와 경쟁할 수 없다고 생각해.

개가 나오는 속담

Every dog has his day.

"누구나 일생에 한 번쯤은 좋은 시기가 있다."라는 뜻의 속담. 이성에게 인기가 많아질 시기가 일생에 세 번 있다는 설이 있는데, 과연 개에게는 몇 번이 있을까요?

combine
[kəmbáin]

- 통 ~를 결합시키다, 조합하다
  - 파> combination 명 결합, 조합
  - combine A with B A와 B를 결합시키다

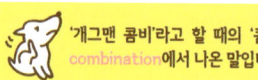
'개그맨 콤비'라고 할 때의 '콤비'는 combination에서 나온 말입니다.

stress
[strés]

- 명 ① 압력 ② 긴장, 스트레스 ③ 강조
- 통 ① ~를 강조하다 ② 긴장시키다
  - 파> stressful 형 스트레스가 많은

conscious
[kánʃəs]

- 형 의식하는, ~을 자각하는
  - 파> consciousness 명 의식
  - 유> aware 형 알고 있는, 자각하고 있는
  - be conscious of ~ ~를 의식하고 있다

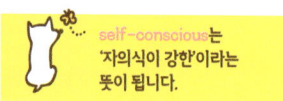
self-conscious는 '자의식이 강한'이라는 뜻이 됩니다.

effective
[iféktiv]

- 형 효과적인, 유효한
  - 파> effect 명 효과, 결과
  - 유> efficient 형 효율적인

command
[kəmænd]

- 통 ~를 명령하다
- 명 ① 명령, 지휘 ② 자유롭게 구사하는 능력
  - 파> commander 명 사령관

unfortunately
[ʌnfɔ́:rtʃ(ə)nətli]

- 부 불행하게도, 불행히
  - 파> unfortunate 형 불행한
  - 반> fortunately 부 다행히도

In order to reduce stress, combining exercise and conscious relaxation has been shown to be very effective.
스트레스를 줄이기 위해서는 운동과 의도적인 휴식을 조합하는 것이 매우 효과적이라고 증명되었다.

Unfortunately, it's impossible for humans to have a good command of dog language.
불행하게도 인간이 개의 말을 자유자재로 구사하는 것은 불가능하다.

제4장 밥을 기다리면서 외우는 영단어

MP3 4-13

cope
[kóup]

동 잘 대처하다, 잘 처리하다 (with)

🦴 cope with ~ ~에 잘 대처하다

declare
[dikléər]

동 ~를 선언하다, 공언하다

파〉 declaration 명 선언

 미국 독립 선언은 Declaration of Independence라고 합니다.

device
[diváis]

명 ① 장치 ② (특정한 결과·효과를 낳는) 고안

파〉 devise 동 고안하다, 창안하다

deliver
[dilívər]

동 ① ~를 배달하다, 건네주다 ② ~를 전달하다

파〉 delivery 명 배달

 애니메이션 영화 '마녀 배달부 키키'의 영어 제목은 'Kiki's Delivery Service' 입니다.

Human beings today have to cope with more stress than ever before.

오늘날, 인간은 어느 때보다 더 많은 스트레스에 대처해야 한다.

"I don't like to be dressed in clothes!" he declared.

"나는 옷을 입는 것이 싫어!"라고 그가 선언했다.

I wish I had a device that would deliver food to me all the time.

언제든지 나한테 음식을 가져다 줄 장치가 있으면 좋겠는데.

제4장 밥을 기다리면서 외우는 영단어

MP3 4-14

discipline
[dísəplin]

- 명 ① 훈육, 규율 ② 훈련
- 동 ~를 훈련하다
  - 유> training 명 훈육, 훈련

 스펠링에 주의!

fundamental
[fʌndəméntl]

- 형 ① 기초의 ② 기본적인
- 명 기본, 기초
  - 유> basic 형 기초의
  - 명 [~S] 기초

factor
[fǽktər]

- 명 요소, 요인, 원인
  - 유> element 명 요소, 원소

domestic
[dəméstik]

- 형 ① 국내의 ② 가정의
  - 반> foreign 형 외국의
  - domestic violence 가정 내 폭력, DV

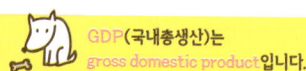 GDP(국내총생산)는 gross domestic product 입니다.

cultivate
[kʌ́ltiveit]

- 동 ① (땅을) 경작하다 ② ~를 재배하다
  - 파> cultivation 명 경작, 수양

emphasize
[émfəsaiz]

- 동 ~를 강조하다
  - 파> emphasis 명 강조
  - 유> stress 동 강조하다
  - 명 스트레스, 강조

The most fundamental factor when raising domestic animals is to cultivate a sense of discipline.

집안에서 애완동물을 키울 때 가장 기본적인 요소는 규율에 대한 지각을 키우는 것이다.

개와 관련된 영어 표현

pet loss

오랫동안 가족처럼 같이 살며 귀여워했던 개가 죽어버리면 주인은 슬픔이 커서 정신적·신체적으로 이상해지는 경우가 있습니다. 이런 상태를 '펫 로스'라고 합니다. 자살까지 생각하게 되는 경우도 있다고 합니다.

Let me emphasize that my tail moves against my will.

강조하건대 내 꼬리는 나의 의지와 반대로 움직여요.

equivalent
[ikwívələnt]

 강세 주의!

- 형 동등한, 가치가 같은, ~에 해당하는
- 명 등가물
  - 유 equal 형 같은 용 상당하다
  - be equivalent to ~ ~과 동등하다

interpret
[intə́:rprət]

- 동 ① ~를 해석하다 ② ~를 통역하다
  - 파 interpretation 명 해석, 통역
    interpreter 명 통역자
  - interpret A into B A를 B(언어)로 통역하다

establish
[istǽbliʃ]

- 동 ① ~를 설립하다 ② ~를 확립하다
  - 파 establishment 명 설립, 확립
  - 유 found 동 ~를 설립하다

faith
[féiθ]

- 명 ① 신뢰 ② 신념, 신앙
  - 파 faithful 형 충실한
  - have faith in ~ ~를 신뢰하다

propose
[prəpóuz]

- 동 ~를 제안하다
  - 파 proposal 명 제안, 신청
  - propose ~ing[to do]
    ~하자고 제안하다
  - propose that A (should) do
    A가 ~하도록 제안하다

 결혼할 때의 프로포즈(proposal)는 '결혼하자고 제안'하는 것입니다.

"Bow-wow" is equivalent to "Yes," but it is sometimes interpreted as "No."

'멍멍'은 '네'와 같은데 때로는 '아니요'로 해석되기도 한다.

This hotel for dogs was established in 1994.

개를 위한 이 호텔은 1994년에 세워졌습니다.

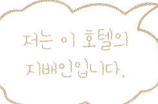

I have a lot of faith in my owner.

저는 주인님을 굳게 믿습니다.

I propose that you take me for a walk three times or more a day.

하루에 3번 이상 저를 산책에 데려가 주실 것을 제안합니다.

제4장 밥을 기다리면서 외우는 영단어

MP3 4-16

shortage
[ʃɔ́ːrtidʒ]

명 부족
파 short 형 부족한, 짧은
water[food] shortage 물[식량] 부족

serious
[síəriəs]

형 ① 진지한, 진심인 ② 심각한
파 seriously 부 심각하게
take ~ seriously ~를 심각하게 받아들이다

threat
[θrét]

명 ① 협박 ② 위협
파 threaten 동 ~를 위협하다
under threat (of ~) (~의) 위협을 받고 있는

 발음 주의!

substitute
[sʌ́bstətjuːt]

동 대체하다, 대용하다
명 대리인, 대용품
substitute A for B
B 대신 A를 사용하다

 강세 주의!

sensible
[sénsəbl]

형 사려가 있는, 철이 든
파 sense 명 의미, 사려
It is sensible of A to do
A가 ~하는 것은 현명하다

Food shortage is a serious threat to developing countries.

식량부족은 개발도상국에 심각한 위협이다.

There's no substitute for a sensible dog like me.

나처럼 철든 개를 대신할 만한 개는 없다.

sweep
[swíːp]

동 (방 등을 빗자루로) 쓸다, ~를 일소하다
- sweep away ~
  ~을 완전히 없애다

 활용은
sweep – swept – swept

urge
[ə́ːrdʒ]

동 (사람·동물을) 재촉하다, ~하도록 격려하다
명 충동
파> urgent 형 임박한
- urge A to do A가 ~하도록 권유하다

vehicle
[víːikl]

명 차량, 탈 것

 발음 주의!

vision
[víʒən]

명 ① 전망 ② 시력
파> view 명 전망, 풍경

vote
[vóut]

동 투표하다
명 투표, 투표용지
- vote for[against] ~
  ~에게 찬성[반대]의 투표를 하다

simply
[símpli]

부 ① 간단히, 단순히 ② 간소하게
파> simple 형 간단한, 단순한

Wait! Please don't use my tail
for sweeping the floor.

잠깐! 바닥을 쓸 때
제 꼬리를 사용하지 말아주세요.

I strongly urge you to
change your territory.

당신의 영역을 바꾸라고 강력히 촉구합니다.

I don't need a vehicle because
I love walking.

걷는 것을 좋아하니까 탈 것은 필요 없습니다.

With a dog's vision, you can
see only black and white.

개의 눈에는 흑백밖에 안 보인다.

A candidate for mayor asked me to
vote for him, but because I am a dog
that is simply impossible.

어떤 시장 후보가 자기한테 투표해 달라고 부탁하는데
나는 개니까 그건 절대 있을 수 없는 일이야.

제4장 밥을 기다리면서 외우는 영단어

MP3 4-18

accompany
[əkʌ́mpəni]

통 ① 동반하다, 동행하다
② ~를 추가하다[첨가하다]

 accompany A with B
A에게 B와 동행하게 하다

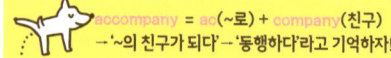
accompany = ac(~로) + company(친구)
→ '~의 친구가 되다' → '동행하다'라고 기억하자!

---

adapt
[ədǽpt]

통 ~를 적응시키다, 익히다

파〉 adaptation 명 적응

adapt A to B A를 B에 적응시키다

adapt oneself to ~ ~에 순응하다

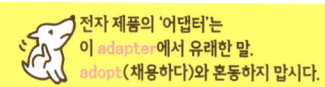
전자 제품의 '어댑터'는
이 adapter에서 유래한 말.
adopt(채용하다)와 혼동하지 맙시다.

---

superior
[supíəriər]

형 더 빼어난, 우수한

반〉 inferior 형 더 열악한

 be superior to ~
~보다 더 뛰어나다, ~보다 우세하다

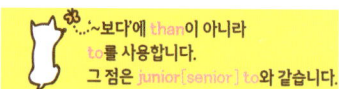
'~보다'에 than이 아니라
to를 사용합니다.
그 점은 junior[senior] to와 같습니다.

---

circumstance
[sə́:rkəmstæns]

명 사정, 상황, 환경

under[in] circumstances
이러한 사정이기 때문에, 현 상황으로는

Whenever a dog rides a train, he must be accompanied by a human.

개가 열차를 탈 때는 항상 인간이 동반해야 한다.

Dogs are superior to cats in that they can adapt themselves to a change in circumstances.

상황 변화에 적응할 수 있다는 점에서 개가 고양이보다 더 뛰어나다.

학습 포인트

예문의 이용

단어를 기억할 때 어떤 예문에서 어떻게 사용하는지 잘 기억하도록 합시다. 뇌는 스토리가 있어야 쉽게 기억하기 때문에 단어 리스트만으로 외우는 것보다 더 효과적입니다. 이 책도 개가 나오는 재미있는 예문을 많이 준비했는데, 그것은 최대한 기억에 잘 남도록 하기 위해서입니다.

제4장 밥을 기다리면서 외우는 영단어

MP3 4-19

agriculture
[ǽgrikʌltʃər]

명 농업
파> agricultural 형 농업의

강세 주의!

agriculture, cultivate 등 'cult'가 붙는 단어는 '경작하다'라는 의미와 관련이 있습니다. culture(문화)도 마음을 경작하는 일입니다.

argue
[á:rgiu:]

동 ① ~를 논하다, 의논하다
② ~라고 주장하다
파> argument 명 의논
🦴 argue that ~라고 주장하다

civilization
[sivələzéiʃən]

명 문명 (사회)
파> civilize 동 ~를 문명화하다, 개화하다
civil 형 시민의
유> culture 명 문화

altogether
[ɔ:ltəgéðər]

부 ① 전체로 ② 완전히

부정문에 사용하면 부분부정(완전히 ~라는 것은 아니다)이 됩니다.
necessarily, entirely도 마찬가지입니다.

participate
[pa:rtísipeit]

동 참가하다 (in)
파> participation 명 참가
유> take part in ~ 동 ~에 참가하다
🦴 participate in ~ ~에 참가하다

강세 주의!

'무언가의 부분(part)이 되다'이므로 '참가하다'라는 뜻이 됩니다.

Some people argue that dogs will not have civilization unless they start agriculture.

농사를 시작하지 않는 한 개들은 문명을 접하지 못할 것이라고 주장하는 이들도 있다.

There were eighty people altogether who participated in the event.

그 행사에 참여한 사람은 다 합해서 80명이었습니다.

제4장 밥을 기다리면서 외우는 영단어

MP3 4-20

ambition
[æmbíʃən]

명 야망, 야심 (to do)

파> ambitious 형 큰 꿈을 품은, 야심적인

 클라크 박사의 유명한 "Boys, be ambitious."는 "소년들이여, 야망을 가져라."라는 뜻입니다.

amuse
[əmjúːz]

동 즐겁게 하다, ~를 재미있게 하다

파> amusement 명 즐거움
amusing 형 재미있는, 즐거운
an amusement park 놀이동산, 유원지

confuse
[kənfjúːz]

동 ① ~를 혼란시키다 ② ~를 혼동하다

파> confusion 명 혼란
confuse A with B A와 B를 혼동하다

analyze
[ǽnəlaiz]

동 ~를 분석하다, 해명하다

파> analysis 명 분석 (복수형은 analyses)

laboratory
[lǽbərətɔ̀ːri]

명 실험실, 연구실[소]

 lavatory(화장실)와 혼동하지 마세요.

 강세 주의!

It is the dog's ambition to become the president of the United States.

그 개는 미국 대통령이 되겠다는 야심을 품고 있다.

야망을 이루기 위한 첫걸음. 먼저 영어 회화 학원으로 돌격!

I was amused by the confused look on the cat's face.

나는 그 고양이의 곤혹스러운 표정을 보고 즐거워했다.

저 녀석, 내가 '야옹'이라고 하니 놀라네.

The laboratory workers are analyzing the material found in the fossil.

그 연구소의 연구원들은 그 화석 안에서 찾아낸 물질을 분석하고 있다.

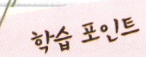

암모나이트의 냄새가 난다!! 응? 아니다, 암모니아 냄새였어!

학습 포인트

관련시켜서 외우기

"예전에는 통째로 암기할 수도 있었는데 지금은 안 되네."라고 생각하는 사람도 있는데 통째로 암기한 것은 금방 잊어버리기 마련입니다. 따라서 단순한 통째 암기가 아니라 관련시켜서 외우는 것이 단어 학습에서는 효과적입니다. 이 책에서도 어원을 이용한 방법이나 동의어, 반의어를 이용한 방법 등을 소개하고 있는데, 뇌는 스스로 잘 이해하고 기억한 것은 잊지 않는 성질이 있기 때문에 단어의 형태와 의미의 일대일 대응이 아니라 그 이외의 정보도 가능한 한 많이 연결시켜서 외워봅시다.

capable
[kéipəbl]

- 형 ① ~를 할 수 있는 (of)
  ② 유능한, 능력이 있는
- 파) capability 명 능력
  capacity 명 수용력
- 유) able 형 ~할 수 있는 (to do)
- be capable of ~ ~를 할 수 있다

contemporary
[kəntémpəreri]

- 형 ① 현대의 ② 동시대의
- 유) temporary 형 일시적인

강세 주의!

contemporary, temporary, tempo 등 tempo가 붙는 단어는 '시간'과 관계가 있습니다.

devote
[divóut]

- 동 ① ~를 바치다, (시간 등)을 쏟다
  ② ~에 전념하다 (to)
- 파) devotion 명 헌신, 전념
- devote A to B A를 B에게 바치다
- devote oneself to ~ ~에 전념하다

improve
[imprú:v]

- 동 ① ~를 향상시키다, 개선하다
  ② 향상하다
- 파) improvement 명 진보, 개량

condition
[kəndíʃən]

- 명 ① 상태, 상황 ② 조건
- 파) conditional 형 조건부의
- on (the) condition that ~
  ~라는 조건으로

The dog is so capable that he can take care of himself for a few days without his owner.

그 개는 아주 유능하기 때문에 주인이 없어도 며칠 동안 스스로를 챙길 수 있다.

The song "Dog Policeman" is a contemporary masterpiece.

'개 경찰관'이라는 노래는 현대를 대표하는 명곡이다.

The enthusiastic dog devoted his life to improving living conditions for dogs.

그 열정적인 개는 개들의 생활 조건을 개선하는 데 일생을 바쳤다.

개가 나오는 속담

Love me, love my dog.

"나를 사랑할 거라면 나의 개까지 사랑하세요."즉, "사랑하게 되면 그 사람의 모든 것을 좋아하라."라는 뜻이 됩니다. 이런 속담에도 개가 나오는 것을 보니 개가 옛날부터 인간의 얼마나 친한 친구였는지를 알 수 있네요.

firm
[fə́ːrm]

- 형 ① 딱딱한, 단단한 ② 안정된
- 명 회사, 기업

farm(농장)과 혼동하지 맙시다.

frighten
[fráitn]

- 동 ~를 겁먹게 하다, 놀라게 만들다
- 파> fright 명 공포
- be frightened by[with, at] ~
  ~에 깜짝 놀라다

generous
[dʒénərəs]

- 형 ① 너그러운 ② 관대한
- 파> generosity 명 너그러움
- It is generous of A to do
  A가 ~하는 것은 너그럽다

keen
[kíːn]

- 형 ① 날카로운, 예민한 ② 열중한
- 반> dull 형 둔한
- be keen on ~ ~에 열중하고 있다

universe
[júːnivəːrs]

- 명 ① 우주 ② 전 세계
- 파> universal 형 보편적인

미스 유니버스(Miss Universe)는 세계 최고의 미인.

worth
[wə́ːrθ]

- 형 ~의 가치가 있는, ~에 값하는
- 명 가치
- 파> worthy 형 ~를 받을 만한
- worth ~ing ~할 가치가 있는
- It is worth while ~ing
  ~를 할 만한 가치가 있다

This firm specializes in clothing for dogs.
이 회사는 개의 옷을 전문으로 하고 있다.

하지만 옷 만드는 센스는 좀 별로네요.

Some dogs enjoy frightening people.
사람들을 겁주는 것을 즐기는 개도 있다.

내가 개인 걸 왜 들켰지?

그 뼈다귀, 제가 이 돈으로 사 드리겠습니다!

You are a very generous person to give me the bone you were licking!
핥고 있던 그 뼈다귀를 내게 주신다니 당신은 매우 너그러우신 분이군요!

The pet shop was crowded with dog owners keen on buying the new collar that had just come out.

그 애견 용품점은 막 새로 출시된 목걸이를 사는 데 열심인 개 주인들로 혼잡했다.

That doghouse is the biggest one in the entire universe. It's worth seeing once!

그 개집은 온 세상에서 제일 커요. 한 번 구경할 만하다니까요!

우리 집을 깔보는 건가요?

개와 관련된 영어 표현

in the doghouse

"체면이 완전히 손상되다."라는 뜻의 표현입니다. '개집'은 미국에서는 doghouse, 영국에서는 kennel을 사용합니다(275쪽 참조). '개(dog)'가 영어 표현에 들어갈 경우는 초라한 이미지를 나타내는 때가 많은 것 같습니다.

제4장 밥을 기다리면서 외우는 명단어

MP3 4-23

humanity
[hju(:)mǽnəti]

명 ① 인류 ② 인간성, 인간애
파〉 human 형 인간의 명 인간

 강세 주의!

abandon
[əbǽndən]

동 ① ~를 버리다
② ~를 포기하다

mammal
[mǽml]

명 포유동물, 포유류

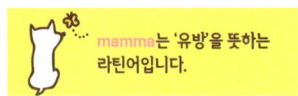 mamma는 '유방'을 뜻하는 라틴어입니다.

dramatic
[drəmǽtik]

형 ① 극적인 ② 극의
파〉 drama 명 연극, 극
   dramatically 부 극적으로
🦴 a dramatic change 극적인 변화

 강세 주의!

dull
[dʌ́l]

형 ① 둔한 ② 둔감한 ③ 지루한
유〉 boring 형 지루한
반〉 sharp 형 날카로운
🦴 All work and no play makes Jack a dull boy.
(속담) 놀지 않고 공부만 하고 있으면 지루한 인간이 된다. → 일만 하고 놀지 않으면 우둔한 사람이 된다.

The greatest achievement of humanity in the 20th century is the invention of quality dog food.

인류가 20세기에 이룬 가장 훌륭한 업적은 고급 개 사료 발명이다.

The abandoned dog was taken in by a little girl.

그 유기견은 어느 여자 아이가 데려갔다.

It's really hard to believe that both dogs and bats belong to the same class, mammals.

개와 박쥐가 같은 부류인 포유류에 속한다는 것은 정말 믿기 힘들다.

That dog is making dramatic gestures to get his owner's attention.

저 개는 주인의 주의를 끌기 위해 극적인 몸짓을 하고 있다.

Some dogs like to chase their tails, but I find it rather dull.

자신의 꼬리를 뒤쫓는 걸 좋아하는 개들도 있는데, 저는 그게 좀 따분해요.

제4장 밥을 기다리면서 외우는 영단어

MP3 4-24

explore
[ikspl5:r]

동 ① ~를 탐험하다 ② ~를 조사하다
파 exploration 명 탐험

Internet Explorer는 컴퓨터로 인터넷을 탐험하기 위한 소프트웨어.

facility
[fəsíləti]

명 ① 설비, 시설 ② 용이함
파 facilitate 동 ~를 용이하게 하다

①의 뜻으로는 보통 복수형을 사용합니다.

float
[flóut]

동 (물 위·공중에) 떠 있다
반 sink 동 가라앉다 명 싱크대

커피 플로트는 커피 위에 아이스크림을 띄운 것을 말합니다.

ideal
[aidí(:)əl]

형 이상의, 이상적인 명 이상
파 idealize 동 ~을 이상화하다
   idealist 명 이상주의자
🦴 ideal and reality 이상과 현실

illustrate
[íləstreit]

동 ① ~를 설명하다, 예증하다
   ② 삽화(挿畵)를 넣다
파 illustration 명 사례, 삽화
🦴 illustrate A with B A를 B로 설명하다

강세 주의!

'일러스트'는 이 illustrate에서 유래한 단어입니다.

I like to explore new territories.
저는 새로운 영역을 탐험하는 것을 좋아해요.

It's unfair not being able to enter public facilities!
공공시설에 들어가지 못하다니 불공평합니다!

I'd like to try floating in space.
우주에 한번 떠 있어보고 싶어요.

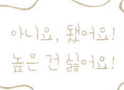

He is my ideal mate.
그는 나의 이상형이다.

That old story illustrates how important it is to cherish dogs.
그 전래 동화는 개를 소중히 여기는 것이 얼마나 중요한지 보여준다.

제4장 밥을 기다리면서 외우는 영단어

MP3 4-25

isolate
[áisəleit]

동 ~를 고립시키다, 격리시키다
파〉 isolation 명 고립, 고독
🦴 isolate A from B A를 B에서 분리시키다

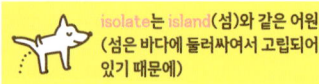
isolate는 island(섬)와 같은 어원
(섬은 바다에 둘러싸여서 고립되어
있기 때문에)

laughter
[læftər]

명 웃음
파〉 laugh 동 웃다
🦴 burst into laughter 웃음을 터뜨리다

mass
[mæs]

형 큰 명 덩어리, 대량
파〉 massive 형 크고 무거운
🦴 mass communication 매스미디어

philosophy
[filásəfi]

명 철학
파〉 philosopher 명 철학자
🦴 philosophical 형 철학의, 철학적인

강세 주의!

pile
[páil]

명 축적 동 ~를 쌓아 올리다
🦴 a pile of ~ 무더기의 ~
🦴 pile up 축적하다, 겹쳐 쌓다

I don't want to be isolated from my family.

저는 가족으로부터 격리되고 싶지 않아요.

I believe in the saying "Laughter is the best medicine," but do dogs laugh?

저는 '웃음은 최고의 약'이라는 말을 믿어요. 그런데 개도 웃나요?

Mass production and mass consumption are causing many problems.

대량 생산과 대량 소비는 많은 문제를 일으키고 있다.

My philosophy is to chase my own tail until I catch it.

나의 철학은 내 꼬리를 잡을 때까지 뒤쫓아야 한다는 것입니다.

Outside the snow is starting to pile up, but I want to go for a walk!

바깥에 눈이 쌓이기 시작하고 있지만 저는 산책가고 싶습니다!

제4장 밥을 기다리면서 외우는 영단어

MP3 4-26

precious
[préʃəs]

형 귀중한, 고가의, 중요한
파〉 price 명 가격

private
[práivət]

형 ① 사적인, 사유의 ② 사립의
파〉 privacy 명 사생활
반〉 public 형 공적인, 공공의
🦴 in private 비밀로

struggle
[strʌ́gl]

동 몸부림치다, 노력하다
명 노력, 투쟁
🦴 struggle to ~하려고 몸부림치다

trace
[tréis]

명 흔적
동 ~의 흔적을 추적하다
🦴 trace back to ~ ~까지 거슬러 올라가다

 트레이싱 페이퍼 (tracing paper: 투사지)는 흔적을 베끼는 데 쓰는 것.

virus
[váiərəs]

명 바이러스

 발음 주의!

This bone is very precious to me.
이 뼈다귀는 내게 아주 소중하다.

That dog owns a private jet.
그 개는 개인 제트기를 소유하고 있다.

I struggled to take off the aloha shirt my owner dressed me in.
나는 주인님이 입혀준 알로하 셔츠를 벗으려고 바동거렸다.

Police dogs can trace a suspect's smell.
경찰견은 용의자의 냄새를 추적할 수 있다.

The virus that causes the flu is continually evolving.
독감을 일으키는 바이러스는 계속 진화하고 있다.

conference
[kánfərəns]

명 회의, 협의회
파> confer 동 협의하다

disaster
[dizǽstər]

명 재해, 대참사, 재난
파> disastrous 형 재해를 가져다주는, 비참한
🦴 a natural disaster 자연 재해

crash
[krǽʃ]

동 명 ① 요란한 소리를 내다
② 추락(하다), 충돌(하다)
🦴 a plane crash 비행기 추락사고

electrical
[iléktrikl]

형 전기와 관련한, 전기를 이용한
파> electricity 명 전기, 전력
🦴 electric 형 전기의, 전기로 움직이는

강세 주의!

sort
[sɔ́ːrt]

명 종류
동 ~를 분류하다
유> kind 명 종류
🦴 a sort of ~ 일종의 ~

element
[éləmənt]

명 요소, 성분, 원소
파> elementary 형 초보의

Happy did not attend the conference last year. Neither did Lucky.

해피는 작년 그 회의에 참석하지 않았습니다.
럭키도 마찬가지입니다.

The train crash was a disaster for those who happened to be on it.

그 열차 충돌사고는 그 열차에 타게 된 사람들에게 재난이었다.

My doghouse has all sorts of electrical equipment.

내 개집에는 온갖 전기 기기가 있다.

개와 관련된 영어 표현

boarding kennel

275쪽처럼, kennel은 '개집'이라는 뜻의 영어 단어입니다. board(ing)는 호텔 등에서 식사가 나오는 숙박을 뜻하니, boarding kennel은 휴가 중 개를 맡길 수 있는 시설을 가리킵니다.

훌륭한 눈
훌륭한 귀
훌륭한 손

I have all the elements of a great dog.

저는 훌륭한 개의 요소를 다 갖추고 있습니다.

훌륭한 코

제4장 밥을 기다리면서 외우는 영단어

MP3 4-28

emerge
[imə́:rdʒ]

동 ① 나타나다, 나오다 ② 드러나다
파〉 emergency 명 비상사태 형 비상용의
emerge from[out of] ~ ~에서 나타나다

emotional
[imóuʃənl]

형 감정의, 감정적인
파〉 emotion 명 감동, 감정

function
[fʌ́ŋkʃən]

명 동 작용(하다), 기능
파〉 functional 형 기능적인
functionally 부 기능상

fate
[féit]

명 운명, 숙명
파〉 fatal 형 치명적인

fulfill
[fulfíl]

동 ~를 실현하다, 성취하다, 채우다
파〉 fulfillment 명 수행, 성취
fulfill one's duties ~의 의무를 다하다

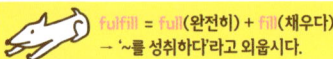

fulfill = full(완전히) + fill(채우다)
→ '~를 성취하다'라고 외웁시다.

The dog emerged from the water.

그 개는 물속에서 나타났다.

개와 관련된 영어 표현

dog (doggy) paddle

dog (doggy) paddle은 '개헤엄'입니다. paddle은 동사로 '(보트나 카누를) 젓다', 명사로 '노'를 의미하며 '개헤엄을 치다'라는 뜻도 있습니다.

Dogs sometimes function as emotional support animals for humans.

개는 때때로 인간의 정신적 지주 역할을 합니다.

It's fate that my owner picked me.

주인님이 저를 선택한 것은 운명이에요.

I finally fulfilled my dream of flying an airplane.

저는 드디어 비행기를 조종하고 싶었던 꿈을 실현했습니다.

interfere
[íntərfíər]

- 동 ① 방해하다, 간섭하다 (with, in)
  ② 중재하다
- 파> interference 명 방해, 간섭
- interfere with[in] ~ ~에 간섭하다

---

load
[lóud]

- 명 ① 짐, 화물 ② 작업량
- 동 ~에 (짐)을 싣다
  - load A into[in] B A에 B를 싣다
  - a load of ~ 대량의 ~

발음 주의!

---

mature
[mətjúər]

- 형 성숙한, 익은
- 반> immature 형 미숙한
- mature wine 숙성한 와인

---

overcome
[ouvərkám]

- 동 ~를 이기다, ~를 극복하다

활용은, overcome - overcame - overcome

---

peculiar
[pikjú:ljər]

- 형 ① 기묘한, 이상한 ② 특별한
- 파> peculiarity 명 이상한 점, 특성
- be peculiar to ~ ~에 특유하다

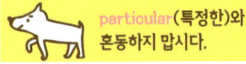
particular(특정한)와 혼동하지 맙시다.

The barking of other dogs interfered with my lunch.
다른 개들의 짖는 소리가 내 점심 식사를 방해하였다.

Using the Internet, we can access a load of information.
인터넷을 사용하면 우리는 대량의 정보에 접근할 수 있다.

I'm mature enough to be able to drink alcoholic beverages!
저는 술을 마실 수 있을 만큼 충분히 성숙했습니다!

With helper dogs, disabled people can overcome difficulties.
보조견들과 함께 장애인들은 어려움을 이겨낼 수 있다.

I find it peculiar that my owner calls me "Dr. Kendrick."
저는 주인님이 저를 '켄드릭 선생님'이라고 부르는 것이 어색합니다.

possess
[pəzés]

동 ~를 소유하다, ~를 가지다
파> possession 명 소유(물)
유> have, own 동 소유하다

wealth
[wélθ]

명 부(富)
파> wealthy 형 부유한

potential
[pəténʃəl]

형 가능성이 있는, 잠재력이 있는
명 가능성

형용사는 명사 앞에 사용합니다.

prejudice
[prédʒədis]

명 선입견, 편견 (against, toward)

pre(미리) + judice(판단하다)이므로 '선입견'이라는 의미(judice = judge)

resist
[rizíst]

동 ~에 저항하다, 반항하다
파> resistance 명 저항
반> assist 동 ~를 도와주다
🦴 resist ~ing ~하는 것에 저항하다

assistant(조수)의 반대말은
resistant(반항자)

nevertheless
[nevərðəlés]

부 그럼에도 불구하고, 그렇지만
유> however 부 그럼에도 불구하고

강세 주의!

In Greek and Roman times, possessing a dog was thought to be a symbol of wealth.

그리스 · 로마 시대에는 개를 소유하는 것을 부유함의 상징으로 여겼다.

개와 관련된 영어 표현

therapy dog

개와 함께 있으면 마음이 치유되는 기분이 듭니다. 'therapy dog(동물매개 치료견)'은 이처럼 개가 인간을 치유해주는 효과를 활용하는 것입니다. 병원이나 양로원, 학교, 그리고 재해 피해지 등에서 훈련된 therapy dog이 사람들을 격려하고 있습니다.

부작용으로 고려하는 것조차 귀찮아졌어...

We have to consider the potential side effects of that medicine.

우리는 그 약의 잠재적인 부작용을 고려해야 한다.

차별 반대!!

아, 아파!!

Now, I think my prejudice toward cats might be wrong.

이제 나는 고양이에 대한 나의 편견이 잘못된 것일 수도 있다고 생각한다.

I resisted. Nevertheless, my owner dressed me in a pink outfit.

저는 저항했어요. 그럼에도 불구하고, 주인님은 저에게 분홍색 옷을 입히셨어요.

우리 주인님은 핑크색 중독이에요~

제4장 밥을 기다리면서 외우는 영단어

MP3 4-31

root
[rúːt]

- 명 ① 뿌리 ② 근원
- 동 ~를 뿌리내리게 하다

shift
[ʃíft]

- 동 ① ~를 바꾸다 ② ~를 옮기다
- 명 변화, 교체

  🦴 shift A (from B) to C
  A를 (B에서) C로 옮기다

아르바이트의 시프트[교대 근무]라는 말은 이 shift에서 온 것입니다.

strike
[stráik]

- 동 명 ① ~를 치다(치기), ~를 때리다 ② 공격하다 ③ 파업

  🦴 Strike while the iron is hot.
  (속담) 쇠가 달구어졌을 때 두드려라.

강세 주의!

suburb
[sʌ́bəːrb]

- 명 교외, (도시의) 근교

  파> suburban 형 교외의
  반> urban 형 도회의, 도시의

  🦴 in the suburbs 교외에

강세 주의!

identical
[aidéntikl]

- 형 동일한, 똑같은

  파> identify 동 ~를 식별하다
  　　identity 명 신분, 동일성
  유> alike 형 닮은

The dog's roots most likely trace back to wolves.

개의 기원은 늑대로 거슬러 올라갈 가능성이 가장 높다.

People's preferences may shift over time.

사람의 취향은 시간이 지나면 변할 수 있습니다.

I'm going to go on strike because you don't take me for walks regularly.

규칙적으로 산책에 데려가지 않으시니
저는 파업을 할 겁니다.

The other night I had a dream of living in the suburbs and running around as much as I wanted.

지난밤에 교외에 살며 마음껏 달리는 꿈을 꾸었다.

Their appearance is identical, but the things they do are quite different.

그들의 외모는 똑같지만 하는 짓은 전혀 다르다.

색인

※ 주제어는 검정색 글씨로, 관련어(반>유>통>파)는 연두색 글씨로 표기되어 있습니다.

A

abandon	318
ability	212
able	212
	314
abroad	102
absence	232
	214
absent	232
absolute	286
absolutely	286
absorb	286
accent	56
accept	140
	192
acceptance	140
access	150
accessible	150
accompany	308
accomplish	234
accomplishment	234
account	234
accuracy	236
accurate	236
accusation	288
accuse	288
ache	28
achieve	118
achievement	118
acquire	208
acquisition	208
act	76
	132
action	76
active	76
	158
activity	76
actual	136
actually	136
adapt	308
adaptation	308
add	152
addition	152
additional	152
address	106
adequate	288
adequately	288
adjust	164
adjustment	164
admiration	166
admire	166
	156
admission	154
admit	154
advance	236
advanced	236
advantage	100
	188
advantageous	100
advertise	58
advertisement	58
advice	88
advise	88
affair	288
affect	142
afford	220
age	58
	78
aged	14
agency	238
agent	238
agree	26
	238
agreement	238
agricultural	310
agriculture	310
aim	220
	18
	84
alarm	144
alike	198
	334
alive	36
allow	82
	194
allowance	82
alter	290
alternate	290
alternative	290
although	124
	254
altogether	310
amateur	20
amaze	42
amazing	42
ambition	312
ambitious	312
amount	80
amuse	312
amusement	312
amusing	312
analysis	312
analyze	312
ancestor	262
ancient	72
	72
anger	44
angry	44
annoy	210
annoyed	210
annoying	210
annual	210
annually	210
answer	96
	224
anxiety	154
anxious	154
apart	290

336

apparent ⋯ 290	attempt ⋯ 152	behavior ⋯ 132
⋯ 268	attend ⋯ 292	behind ⋯ 80
apparently ⋯ 290	attendance ⋯ 292	belong ⋯ 16
appeal ⋯ 240	attention ⋯ 292	belongings ⋯ 16
appealing ⋯ 240	attitude ⋯ 130	below ⋯ 274
appear ⋯ 102	attract ⋯ 158	bend ⋯ 16
⋯ 122	attraction ⋯ 158	beneath ⋯ 274
⋯ 290	attractive ⋯ 158	beneficial ⋯ 214
appearance ⋯ 102	audience ⋯ 222	benefit ⋯ 214
appliance ⋯ 144	author ⋯ 122	⋯ 250
application ⋯ 144	authority ⋯ 214	bill ⋯ 86
apply ⋯ 144	authorize ⋯ 214	birth ⋯ 204
approach ⋯ 144	available ⋯ 288	birthday ⋯ 204
appropriate ⋯ 240	avenue ⋯ 160	bite ⋯ 108
⋯ 234	average ⋯ 132	block ⋯ 108
⋯ 288	avoid ⋯ 152	blood ⋯ 146
area ⋯ 132	avoidance ⋯ 152	blow ⋯ 192
argue ⋯ 310	awake ⋯ 294	border ⋯ 58
argument ⋯ 310	⋯ 50	borderline ⋯ 58
arise ⋯ 238	aware ⋯ 200	bored ⋯ 124
arrange ⋯ 238	⋯ 296	boring ⋯ 318
arrangement ⋯ 238	awareness ⋯ 200	borrow ⋯ 282
art ⋯ 58	awful ⋯ 294	bow ⋯ 12
artificial ⋯ 58	awfully ⋯ 294	brain ⋯ 142
asleep ⋯ 50		breath ⋯ 50
⋯ 294	**B**	breathe ⋯ 50
aspect ⋯ 158	bad ⋯ 30	brief ⋯ 224
assist ⋯ 332	⋯ 242	burial ⋯ 58
associate ⋯ 292	badly ⋯ 30	burst ⋯ 200
association ⋯ 292	band ⋯ 42	bury ⋯ 58
assume ⋯ 200	bandage ⋯ 42	buy ⋯ 274
assumption ⋯ 200	basic ⋯ 148	
assurance ⋯ 240	⋯ 300	**C**
assure ⋯ 240	basis ⋯ 148	calm ⋯ 150
athlete ⋯ 24	beach ⋯ 246	capability ⋯ 314
athletic ⋯ 24	beam ⋯ 178	capable ⋯ 314
atmosphere ⋯ 202	bear ⋯ 102	⋯ 274
attach ⋯ 30	beat ⋯ 108	capacity ⋯ 274
attachment ⋯ 30	beg ⋯ 144	⋯ 314
attain ⋯ 118	behave ⋯ 132	capital ⋯ 50

337

색인

capitalism ········· 50	clean ············ 126	complex ········ 226
capitalist ········ 50	clerk ············ 108	············ 248
career ··········· 224	clever ············ 48	complicate ······ 248
case ············· 86	client ············ 224	complicated ····· 248
cash ············ 204	climate ·········· 290	concentrate ····· 194
cashier ·········· 204	close ············ 210	concentration ··· 194
categorize ······· 224	closely ·········· 210	concern ········· 144
category ········ 224	coast ············ 246	concerned ······ 144
cause ············ 68	coexist ·········· 202	conclude ········ 156
cave ············ 276	collect ············ 112	conclusion ······ 156
celebrate ········ 44	············ 26	condition ······· 314
celebration ······ 44	collection ········ 112	············ 168
celebrity ········· 44	college ·········· 110	conditional ····· 314
certain ·········· 142	combination ····· 296	conduct ········· 236
certainly ········· 142	combine ········· 296	confer ··········· 326
············ 230	comfort ·········· 146	conference ······ 326
challenge ········ 12	comfortable ····· 146	confidence ······ 294
challenger ······· 12	command ········ 296	confident ······· 294
challenging ······ 12	commander ······ 296	confidential ····· 294
chance ·········· 76	commit ·········· 216	confirm ········· 292
············ 168	commitment ····· 216	confirmation ···· 292
character ········ 142	common ·········· 86	confuse ········· 312
characteristic ···· 142	············ 152	confusion ······· 312
charge ··········· 36	commonly ········ 86	connect ········· 160
charm ············ 294	communicate ····· 74	connection ······ 160
charming ········ 294	communication ··· 74	conscious ······· 296
chemical ········· 18	community ······ 214	············ 200
chemist ·········· 18	companion ······ 104	consciousness ··· 296
chemistry ········ 18	company ········ 104	consequence ···· 202
choice ··········· 150	comparative ····· 96	consider ········ 136
choose ·········· 150	compare ········· 96	consideration ··· 136
circumstance ···· 308	comparison ······ 96	consist ·········· 216
citizen ············ 46	compel ··········· 116	constant ········ 210
citizenship ······ 46	compete ········· 294	constantly ······ 210
civil ············ 310	competition ····· 294	construct ········ 210
civilization ······ 310	competitor ······ 294	············ 220
civilize ············ 310	complain ········· 80	construction ···· 210
claim ············ 212	complaint ········ 80	consume ········ 276
classic ············ 150	complete ········ 170	consumer ······· 276
classical ········· 150	completely ······ 170	consumption ···· 276

contact ⋯⋯⋯⋯⋯ 12	crime ⋯⋯⋯⋯⋯ 216	decline ⋯⋯⋯⋯⋯ 206
contain ⋯⋯⋯⋯⋯ 150	criminal ⋯⋯⋯⋯⋯ 216	⋯⋯⋯⋯⋯ 140
contemporary ⋯⋯⋯ 314	crisis ⋯⋯⋯⋯⋯ 226	⋯⋯⋯⋯⋯ 154
content ⋯⋯⋯⋯⋯ 182	critic ⋯⋯⋯⋯⋯ 210	⋯⋯⋯⋯⋯ 192
continent ⋯⋯⋯⋯⋯ 32	critical ⋯⋯⋯⋯⋯ 210	decrease ⋯⋯⋯⋯⋯ 204
continental ⋯⋯⋯⋯⋯ 32	⋯⋯⋯⋯⋯ 226	⋯⋯⋯⋯⋯ 66
continue ⋯⋯⋯⋯⋯ 104	criticism ⋯⋯⋯⋯⋯ 210	define ⋯⋯⋯⋯⋯ 228
continuous ⋯⋯⋯⋯⋯ 104	criticize ⋯⋯⋯⋯⋯ 210	definition ⋯⋯⋯⋯⋯ 228
contrary ⋯⋯⋯⋯⋯ 222	crop ⋯⋯⋯⋯⋯ 60	degree ⋯⋯⋯⋯⋯ 14
contrast ⋯⋯⋯⋯⋯ 146	cross ⋯⋯⋯⋯⋯ 24	delay ⋯⋯⋯⋯⋯ 216
contribute ⋯⋯⋯⋯⋯ 278	crossing ⋯⋯⋯⋯⋯ 24	delicacy ⋯⋯⋯⋯⋯ 262
contribution ⋯⋯⋯⋯⋯ 278	crowd ⋯⋯⋯⋯⋯ 24	delicate ⋯⋯⋯⋯⋯ 262
control ⋯⋯⋯⋯⋯ 80	crowded ⋯⋯⋯⋯⋯ 24	delight ⋯⋯⋯⋯⋯ 218
controllable ⋯⋯⋯⋯⋯ 80	cultivate ⋯⋯⋯⋯⋯ 300	delightful ⋯⋯⋯⋯⋯ 218
convenience ⋯⋯⋯⋯⋯ 112	cultivation ⋯⋯⋯⋯⋯ 300	deliver ⋯⋯⋯⋯⋯ 298
convenient ⋯⋯⋯⋯⋯ 112	culture ⋯⋯⋯⋯⋯ 310	delivery ⋯⋯⋯⋯⋯ 298
conversation ⋯⋯⋯⋯⋯ 18	curiosity ⋯⋯⋯⋯⋯ 278	demand ⋯⋯⋯⋯⋯ 182
convince ⋯⋯⋯⋯⋯ 200	curious ⋯⋯⋯⋯⋯ 278	⋯⋯⋯⋯⋯ 16
⋯⋯⋯⋯⋯ 130	currency ⋯⋯⋯⋯⋯ 276	democracy ⋯⋯⋯⋯⋯ 278
convincing ⋯⋯⋯⋯⋯ 200	current ⋯⋯⋯⋯⋯ 276	deny ⋯⋯⋯⋯⋯ 154
cooked ⋯⋯⋯⋯⋯ 270	custom ⋯⋯⋯⋯⋯ 18	depend ⋯⋯⋯⋯⋯ 128
cooperate ⋯⋯⋯⋯⋯ 50	⋯⋯⋯⋯⋯ 112	dependent ⋯⋯⋯⋯⋯ 46
cooperation ⋯⋯⋯⋯⋯ 50	customary ⋯⋯⋯⋯⋯ 18	⋯⋯⋯⋯⋯ 128
cooperative ⋯⋯⋯⋯⋯ 50	customer ⋯⋯⋯⋯⋯ 224	descendant ⋯⋯⋯⋯⋯ 262
cope ⋯⋯⋯⋯⋯ 298		describe ⋯⋯⋯⋯⋯ 108
copy ⋯⋯⋯⋯⋯ 44	**D**	description ⋯⋯⋯⋯⋯ 108
copyright ⋯⋯⋯⋯⋯ 44	damage ⋯⋯⋯⋯⋯ 114	desert ⋯⋯⋯⋯⋯ 24
correct ⋯⋯⋯⋯⋯ 162	danger ⋯⋯⋯⋯⋯ 188	desire ⋯⋯⋯⋯⋯ 220
cost ⋯⋯⋯⋯⋯ 126	dare ⋯⋯⋯⋯⋯ 148	despite ⋯⋯⋯⋯⋯ 154
count ⋯⋯⋯⋯⋯ 94	dead ⋯⋯⋯⋯⋯ 36	destroy ⋯⋯⋯⋯⋯ 220
countable ⋯⋯⋯⋯⋯ 94	debate ⋯⋯⋯⋯⋯ 36	destruction ⋯⋯⋯⋯⋯ 210
country ⋯⋯⋯⋯⋯ 164	debt ⋯⋯⋯⋯⋯ 254	⋯⋯⋯⋯⋯ 220
courage ⋯⋯⋯⋯⋯ 278	decide ⋯⋯⋯⋯⋯ 228	detail ⋯⋯⋯⋯⋯ 276
courageous ⋯⋯⋯⋯⋯ 278	⋯⋯⋯⋯⋯ 286	detailed ⋯⋯⋯⋯⋯ 276
cover ⋯⋯⋯⋯⋯ 114	decision ⋯⋯⋯⋯⋯ 286	determination ⋯⋯⋯⋯⋯ 228
crash ⋯⋯⋯⋯⋯ 326	declaration ⋯⋯⋯⋯⋯ 298	determine ⋯⋯⋯⋯⋯ 228
create ⋯⋯⋯⋯⋯ 78	declare ⋯⋯⋯⋯⋯ 298	develop ⋯⋯⋯⋯⋯ 92
creation ⋯⋯⋯⋯⋯ 78		development ⋯⋯⋯⋯⋯ 92
creative ⋯⋯⋯⋯⋯ 78		device ⋯⋯⋯⋯⋯ 298
crew ⋯⋯⋯⋯⋯ 254		⋯⋯⋯⋯⋯ 194

색인

devise ... 298	distinction ... 218	efficiency ... 226
devote ... 314	... 280	efficient ... 226
devotion ... 314	distinguish ... 280	... 296
diet ... 136	... 218	elderly ... 14
differ ... 74	district ... 232	electric ... 326
difference ... 74	disturb ... 206	electrical ... 326
different ... 74	disturbance ... 206	electricity ... 326
difficult ... 110	divide ... 218	element ... 326
difficulty ... 110	division ... 218	... 12
direct ... 160	domestic ... 300	... 300
... 280	doubt ... 212	elementary ... 12
direction ... 280	doubtful ... 212	... 244
... 160	drama ... 318	... 326
directly ... 160	dramatic ... 318	embarrass ... 228
dirty ... 126	dramatically ... 318	embarrassing ... 228
disadvantage ... 188	draw ... 32	embarrassment ... 228
... 100	drawer ... 32	emerge ... 328
disagree ... 26	drawing ... 32	emergency ... 328
disagreement ... 238	drug ... 208	emigrant ... 242
disappear ... 102	due ... 198	emotion ... 328
disappoint ... 32	dull ... 318	emotional ... 328
disappointment ... 32	... 316	emphasis ... 300
disaster ... 326		emphasize ... 300
disastrous ... 326	**E**	employ ... 262
discipline ... 300	eager ... 124	... 282
discover ... 88	eagerness ... 124	employee ... 262
discoverer ... 88	earn ... 194	employer ... 262
discovery ... 88	earnings ... 194	employment ... 262
discuss ... 18	economic ... 176	empty ... 26
... 36	economical ... 176	enable ... 212
discussion ... 18	economics ... 176	encourage ... 106
disease ... 208	economy ... 176	... 278
dishonest ... 162	educate ... 282	encouragement ... 106
dislike ... 248	education ... 282	enemy ... 276
display ... 44	educational ... 282	enormous ... 290
distance ... 170	effect ... 290	... 260
distant ... 170	... 296	enormously ... 290
distinct ... 218	effective ... 296	enough ... 204
... 280	... 226	enter ... 112
	... 290	entertain ... 242

entertainment	242	
enthusiasm	202	
enthusiastic	202	
entire	290	
entirely	290	
entrance	112	
entry	112	
environment	80	
environmental	80	
equal	84	
	302	
equality	84	
equally	84	
equivalent	302	
era	58	
	78	
error	208	
especially	90	
essence	230	
essential	230	
establish	302	
establishment	302	
estimate	256	
estimation	256	
event	90	
	238	
	264	
eventual	238	
eventually	238	
	90	
evidence	186	
	266	
evident	186	
evil	242	
exact	198	
	96	
exactly	96	
	198	
examination	178	
	236	

examine 178
.... 158
exceed 280
except 170
.... 292
exception 292
.... 170
exceptional 170
.... 292
excess 280
excessive 280
exchange 114
exclude 158
exercise 220
exhaust 280
exist 202
existence 202
expect 128
expectation 128
experience 68
experiment 168
experimental 168
expert 140
explain 74
explanation 74
exploration 320
explore 320
export 176
.... 136
expose 264
exposure 264
express 86
expression 86
extra 278
extraordinary 136
.... 94
extreme 150
extremely 150

F

facilitate 320
facility 320
factor 300
fail 130
failure 130
fair 36
fairly 36
faith 302
faithful 302
fall 94
familiar 146
fast 226
fat 140
fatal 328
fate 328
fault 292
favor 116
favorable 116
favorite 116
fear 86
feature 218
feed 52
female 248
feminine 248
field 36
fielder 36
fielding 36
figure 116
finance 288
financial 288
fire 38
firm 316
fit 224
fitness 224
fix 220
.... 176
flat 172
flight 110

색인

float ········· 320
flow ········· 180
flowchart ········· 180
fly ········· 110
focus ········· 32
fold ········· 38
folder ········· 38
follow ········· 228
foolish ········· 48
········· 62
force ········· 116
foreign ········· 112
········· 300
foreigner ········· 112
forever ········· 58
form ········· 158
formal ········· 158
former ········· 182
fortunate ········· 60
fortunately ········· 296
fortune ········· 60
forward ········· 88
found ········· 302
free ········· 146
freedom ········· 146
frequent ········· 152
frequently ········· 152
friend ········· 44
········· 276
friendly ········· 44
fright ········· 316
frighten ········· 316
fuel ········· 172
fulfill ········· 328
fulfillment ········· 328
full ········· 26
········· 280
fully ········· 280
function ········· 328
functional ········· 328

functionally ········· 328
fund ········· 60
fundamental ········· 300
fur ········· 284
furniture ········· 162

G

gain ········· 140
garbage ········· 16
gather ········· 26
········· 112
gathering ········· 26
gaze ········· 110
gene ········· 148
general ········· 96
generally ········· 96
generate ········· 162
generation ········· 162
generosity ········· 316
generous ········· 316
genetic(al) ········· 148
genius ········· 282
gentle ········· 52
get ········· 236
giant ········· 26
gift ········· 12
global ········· 32
globalization ········· 32
globe ········· 32
goal ········· 18
govern ········· 98
government ········· 98
grade ········· 204
gradual ········· 204
gradually ········· 204
graduate ········· 46
graduation ········· 46
grand ········· 264
grant ········· 212
greet ········· 40

greeting ········· 40
grow ········· 196
growth ········· 196
guess ········· 78
guest ········· 224
guilt ········· 282
guilty ········· 282

H

habit ········· 112
handle ········· 26
hang ········· 168
hanger ········· 168
hangover ········· 168
harm ········· 38
harmful ········· 38
harmless ········· 38
harvest ········· 60
hate ········· 98
hateful ········· 98
hatred ········· 98
have ········· 332
health ········· 114
healthy ········· 114
heart ········· 66
height ········· 264
heighten ········· 264
hesitate ········· 156
hesitation ········· 156
high ········· 156
········· 264
highly ········· 156
hire ········· 282
historical ········· 240
history ········· 240
hit ········· 96
honest ········· 162
honesty ········· 162
honor ········· 242
honorable ········· 242

household ········· 196	impact ················ 196	insist ················· 228
however ·············· 64	impatient ············ 182	institute ············· 256
·············· 332	impolite ··············· 30	institution ········· 256
huge ···················· 26	·············· 118	institutional ······· 256
huge ·················· 260	import ················ 136	instruct ·············· 182
huge ·················· 290	·············· 176	instruction ········· 182
human ················· 64	important ··········· 288	instructive ········· 182
·············· 318	impossible ········· 100	instrument ········· 194
humanity ··········· 318	················ 80	intend ················ 222
··············· 64	impress ··············· 28	intention ············ 222
hunt ··················· 284	impression ·········· 28	interfere ············ 330
hunter ················ 284	impressive ·········· 28	interference ······· 330
hunting ·············· 284	improve ············· 314	interpret ············ 302
	improvement ····· 314	interpretation ···· 302
	incident ············· 264	interpreter ········· 302
ideal ·················· 320	incidental ··········· 264	interrupt ············ 162
idealist ·············· 320	include ··············· 158	interruption ······· 162
idealize ·············· 320	including ············ 158	invent ·················· 52
identical ············ 334	income ··············· 266	invention ············· 52
identification ····· 170	inconvenient ····· 112	investigate ········· 158
identify ·············· 170	increase ·············· 66	investigation ······ 158
·············· 334	·············· 204	·············· 236
identity ·············· 170	increasingly ········ 66	involve ··············· 262
·············· 334	indeed ················ 168	involved ············· 262
ignorance ·········· 238	independence ···· 46	involvement ······ 262
ignorant ············· 238	independent ······· 46	isolate ················ 322
ignore ················ 238	indicate ············· 196	isolation ············· 322
illness ················ 208	indication ··········· 196	issue ·················· 238
illustrate ············ 320	individual ··········· 234	item ··················· 230
illustration ········· 320	industrial ············ 196	
imaginary ············ 92	industrious ········· 196	
imagination ········· 92	industry ············· 196	jean(s) ··············· 148
imaginative ········· 92	inferior ··············· 308	journey ·············· 186
imagine ··············· 92	influence ············· 76	joy ······················ 34
immature ··········· 330	influential ············ 76	················ 20
immediate ········· 280	inform ·················· 72	joyful ··················· 34
immediately ······ 280	information ········· 72	judge ················· 116
immigrant ·········· 242	initial ··················· 60	judgment ··········· 116
immigrate ·········· 242	innocent ············· 282	junior ················· 164
immigration ······· 242	insect ·················· 70	

색인

K

- keen 316
- kind 52
- 326
- know 174
- knowledge 174
- 248

L

- labor 266
- laboratory 312
- laborer 266
- lack 176
- lacking 176
- large 176
- largely 176
- latter 182
- 182
- laugh 322
- laughter 322
- law 46
- lay 256
- lead 104
- leading 104
- leap 60
- leisure 168
- level 172
- liar 92
- liberty 146
- lie 92
- like 156
- likely 130
- limit 20
- limitation 20
- literal 240
- literary 240
- literature 240
- live 36
- living 36
- load 330
- local 98
- locally 98
- logic 186
- logical 186
- look 122
- lose 78
- 140
- 236
- loss 78
- 140
- love 98
- lung 266

M

- mainly 176
- maintain 214
- maintenance 214
- major 134
- 134
- majority 134
- male 248
- mammal 318
- manage 170
- management 170
- manager 170
- manner 52
- manufacture 284
- manufacturer 284
- mark 166
- married 34
- 184
- marry 34
- mass 322
- massive 322
- master 52
- match 14
- material 172
- matter 76
- mature 330
- meal 84
- measure 178
- measurement 178
- medical 20
- medicine 20
- 208
- medieval 72
- medium 38
- mend 176
- 220
- mental 178
- 180
- mention 266
- mere 268
- merely 268
- method 166
- mind 66
- minor 134
- 134
- minority 134
- misfortune 60
- mistake 90
- 208
- moderate 280
- modern 72
- 72
- modernize 72
- moment 204
- move 180
- movement 180
- mysterious 174
- mystery 174

N

- narrow 26
- nation 164
- national 164
- nationality 164
- natural 90
- 58

naturally	90
nature	90
necessarily	132
necessary	132
	230
necessity	132
need	208
negative	250
	196
neglect	224
	238
neglectful	224
neighbor	70
neighborhood	70
nerve	138
nervous	138
nervously	138
nevertheless	332
nod	124
normal	292
normally	292
note	244
notice	74
noticeable	74
novel	54
novelist	54
novelty	54
nuclear	38

object	126
objection	126
objective	126
observation	242
observe	242
obtain	236
obvious	268
obviously	268
occasion	28
occasional	28

occasionally	28
occupation	186
	268
occupy	268
	186
offer	142
office	82
officer	82
official	82
often	152
old	14
	72
only	268
operate	268
operation	268
operator	268
opportunity	168
oppose	126
	174
opposite	174
opposition	174
ordinarily	94
ordinary	94
	136
organ	166
organization	166
organize	166
origin	20
original	20
originality	20
originally	20
originate	20
otherwise	194
outgo	266
overcome	330
owe	274
own	64
	332
owner	64

pain	28
painful	28
participate	310
participation	310
particular	166
particularly	166
pass	70
	180
passage	180
passenger	40
passion	280
passionate	280
passive	158
past	70
patience	182
patient	182
patiently	182
pause	256
pay	266
peculiar	330
peculiarity	330
perform	174
performance	174
period	78
	56
	58
periodical	78
permanent	270
permanently	270
permission	194
permit	194
	82
person	152
personal	152
persuade	130
persuasion	130
philosopher	322
philosophical	322

philosophy 322	practical 186	probability 76
physical 180	practically 186	probably 76
178	practice 144	proceed 138
pile 322	186	process 138
plain 250	praise 156	produce 68
plan 104	166	276
pleasant 20	pray 62	product 68
please 20	prayer 62	production 68
pleasure 20	precious 324	professional 20
34	predict 206	profit 250
plentiful 28	prediction 206	profitable 250
plenty 28	prefer 128	program 90
poetry 54	preference 128	progress 134
poison 244	prejudice 332	project 104
poisonous 244	preparation 94	promote 202
policy 240	prepare 94	promotion 202
278	presence 214	proof 266
polite 30	232	22
politely 30	present 214	proper 234
politeness 30	preservation 148	240
political 278	preserve 148	288
politician 278	president 40	properly 234
politics 240	pretend 124	proportion 172
278	pretense 124	proposal 302
popular 164	prevent 216	propose 302
population 164	prevention 216	40
position 174	previous 234	protest 192
positive 196	182	proud 116
250	previously 234	proudly 116
possess 332	price 78	prove 22
possession 332	324	266
possibility 80	priceless 78	provide 234
possible 80	pride 116	provided 234
100	primarily 244	providing 234
possibly 80	primary 244	psychologist 138
potential 332	principal 258	psychology 138
pour 244	principle 278	public 82
power 98	privacy 324	324
116	private 324	publication 82
powerful 98	152	122

publicity ········· 82	recognize ········· 138	remark ········· 174
publish ········· 122	recognized ········· 138	remarkable ········· 174
punish ········· 284	recommend ········· 40	remind ········· 154
punishment ········· 284	recommendation ········· 40	removal ········· 14
purchase ········· 274	recover ········· 268	remove ········· 14
purpose ········· 84	recovery ········· 268	rent ········· 282
········· 18	reduce ········· 106	repair ········· 176
pursue ········· 228	reduction ········· 106	········· 220
pursuit ········· 228	refer ········· 192	replace ········· 126
	reference ········· 192	replacement ········· 126
Q	reflect ········· 250	reply ········· 96
quality ········· 30	reflection ········· 250	represent ········· 136
quantity ········· 206	refusal ········· 154	representative ········· 136
quit ········· 54	refuse ········· 154	reputation ········· 294
quite ········· 72	········· 140	request ········· 134
	········· 192	require ········· 208
R	regard ········· 188	requirement ········· 208
rage ········· 44	········· 228	research ········· 92
raise ········· 100	regardless ········· 228	researcher ········· 92
range ········· 258	region ········· 132	reservation ········· 236
rank ········· 258	regional ········· 132	reserve ········· 236
ranking ········· 258	reject ········· 192	resist ········· 332
rapid ········· 226	········· 140	resistance ········· 332
rapidly ········· 226	rejection ········· 192	respect ········· 100
rare ········· 292	relate ········· 252	respectable ········· 100
rarely ········· 292	relation ········· 252	respectful ········· 100
········· 158	relationship ········· 252	respective ········· 100
rate ········· 204	release ········· 40	respond ········· 224
raw ········· 270	reliable ········· 62	response ········· 224
ray ········· 178	········· 172	responsibile ········· 34
reach ········· 68	reliance ········· 172	responsibility ········· 34
react ········· 212	relief ········· 174	rest ········· 98
reaction ········· 212	relieve ········· 174	restless ········· 98
real ········· 124	relieved ········· 174	result ········· 68
realize ········· 124	religion ········· 244	retire ········· 164
really ········· 168	religious ········· 244	retired ········· 164
reason ········· 66	reluctant ········· 198	retirement ········· 164
reasonable ········· 66	rely ········· 172	reveal ········· 178
recent ········· 122	remain ········· 194	········· 264
recently ········· 122	remaining ········· 194	revelation ········· 178

색인

revolution ········· 122
revolutionary ········· 122
revolve ········· 122
reward ········· 218
rewarding ········· 218
right ········· 64
rise ········· 94
risk ········· 188
risky ········· 188
rob ········· 48
roll ········· 180
root ········· 334
rough ········· 202
row ········· 258
rubbish ········· 16
rude ········· 118
rudely ········· 118
rudeness ········· 118
ruin ········· 222
rule ········· 16
ruler ········· 16
rural ········· 232
rush ········· 252

salary ········· 266
satisfaction ········· 222
satisfactory ········· 222
satisfy ········· 222
save ········· 64
scatter ········· 282
scent ········· 82
science ········· 92
scientific ········· 92
scientist ········· 92
scream ········· 46
search ········· 184
········· 252
seashore ········· 246
secure ········· 260

security ········· 260
seek ········· 252
seem ········· 122
seldom ········· 158
select ········· 160
selection ········· 160
selective ········· 160
self ········· 106
selfish ········· 106
senior ········· 164
sense ········· 126
········· 304
sensible ········· 304
········· 126
sensitive ········· 126
separate ········· 34
separately ········· 34
separation ········· 34
serious ········· 304
seriously ········· 304
serve ········· 152
service ········· 152
set ········· 94
settle ········· 48
settlement ········· 48
severe ········· 284
shade ········· 54
shady ········· 54
shame ········· 56
shameful ········· 56
shameless ········· 56
shape ········· 74
········· 158
shapeless ········· 74
sharp ········· 318
shelter ········· 230
shift ········· 334
shore ········· 246
short ········· 304
shortage ········· 304

shout ········· 46
show ········· 44
sickness ········· 208
side ········· 70
sight ········· 30
········· 54
sightseeing ········· 30
sign ········· 72
signature ········· 72
significance ········· 288
significant ········· 288
signify ········· 288
silly ········· 62
········· 48
similar ········· 72
similarity ········· 72
similarly ········· 72
simple ········· 226
········· 306
simply ········· 306
single ········· 184
sink ········· 16
········· 320
site ········· 54
situation ········· 168
skill ········· 100
skillful ········· 100
slight ········· 188
slightly ········· 188
smart ········· 48
smell ········· 82
smooth ········· 202
so ········· 128
social ········· 66
society ········· 66
soil ········· 50
solid ········· 260
solution ········· 86
solve ········· 86
sorrow ········· 34

sort ... 326	strike ... 334	surroundings ... 286
soul ... 66	... 96	survey ... 236
spare ... 268	strong ... 184	survival ... 226
special ... 90	structure ... 148	survive ... 226
... 94	struggle ... 324	survivor ... 226
... 96	stuff ... 270	suspect ... 156
species ... 212	stupid ... 48	suspicion ... 156
spectator ... 222	... 62	swallow ... 48
spend ... 64	stupidly ... 48	sweep ... 306
spirit ... 66	substitute ... 304	system ... 84
spiritual ... 180	suburb ... 334	systematic ... 84
spoil ... 214	suburban ... 232	
spread ... 22	... 334	**T**
stage ... 246	succeed ... 104	tail ... 62
standard ... 206	... 130	tale ... 62
stare ... 110	success ... 104	talent ... 12
state ... 82	successful ... 104	talented ... 12
statement ... 82	sudden ... 260	task ... 188
status ... 178	suddenly ... 260	taste ... 84
steady ... 206	suffer ... 22	tasty ... 84
steal ... 48	suffering ... 22	tear ... 22
steam ... 54	sufficient ... 204	technological ... 234
steel ... 48	suggest ... 166	technology ... 234
step ... 74	... 40	temperature ... 132
stepfather ... 74	suggestion ... 166	temporary ... 270
stepmother ... 74	suit ... 118	... 314
stick ... 42	suitable ... 118	tend ... 200
sticky ... 42	sum ... 256	tendency ... 200
stop ... 54	summary ... 256	tender ... 128
story ... 62	superior ... 308	tense ... 286
strange ... 106	supply ... 16	term ... 56
stranger ... 106	support ... 110	terrible ... 294
street ... 160	supporter ... 110	theme ... 56
strength ... 184	suppose ... 148	theory ... 144
strengthen ... 184	supposing ... 148	therefore ... 128
stress ... 296	sure ... 230	thick ... 28
... 300	surely ... 230	thickness ... 28
stressful ... 296	surface ... 274	thin ... 28
strict ... 284	surprising ... 42	... 140
	surround ... 286	think ... 78

though	64
	124
	254
threat	304
threaten	304
tide	180
tiny	260
	26
	290
tip	230
tire	280
tongue	230
tool	194
total	154
totally	154
tough	128
toward	70
trace	324
trade	238
trading	238
tradition	56
traditional	56
traffic	88
training	300
transport	252
transportation	252
trap	246
travel	186
travels	186
treasure	42
treat	118
treatment	118
trial	208
tribal	184
tribe	184
trick	34
tricky	34
trip	186
true	114
trust	24

truth	114
try	208
type	246
typical	246
typically	246

U

uncommon	86
uncountable	94
under	274
unfortunate	296
unfortunately	296
unhealthy	114
unique	42
uniqueness	42
universal	316
universe	316
university	110
unless	148
unlike	156
unusual	22
upset	130
urban	232
	334
urge	306
urgent	306
useful	62
useless	62
usual	22

V

vacant	26
valuable	134
value	134
variable	134
variety	134
various	134
vary	134
vehicle	306
vice	270

victim	56
view	306
violence	36
violent	36
virtue	270
virus	324
vision	306
vote	306

W

wage	266
waist	102
wake	294
wander	232
wandering	232
warn	140
warning	140
waste	102
wasteful	102
wealth	332
wealthy	332
weather	290
weigh	140
weight	140
whereas	254
wherever	52
while	254
whisper	254
whole	94
	290
wide	26
	130
widely	130
widen	130
width	130
willing	198
willingly	198
win	78
wisdom	248
wise	248

wonder	126
wonderful	126
word	56
work	188
worth	316
worthy	316
wrong	64

Y

yell	232
young	14
	198
youth	198

왕왕! **영단어** ワン単

초판인쇄	2017년 6월 30일
초판발행	2017년 7월 21일
저자	나카타 타츠야(中田達也), 미즈모토 아츠시(水本篤)
번역	키시카와 히데미
감수	심혜경
펴낸이	엄태상
책임 편집	이효리, 장은혜, 김효은, 정유항
디자인	박경미
마케팅	이상호, 오원택, 이승욱, 전한나, 왕성석
온라인 마케팅	김마선, 유근혜, 심유미
펴낸곳	랭기지플러스
주소	서울시 종로구 자하문로 300 시사빌딩
주문 및 교재 문의	1588-1582
팩스	(02)3671-0500
홈페이지	www.sisabooks.com
이메일	sisabooks@naver.com
등록일자	2000년 8월 17일
등록번호	1-2718호

ISBN 978-89-5518-083-1 (13740)

* 이 책의 내용을 사전 허가 없이 전재하거나 복제할 경우 법적인 제재를 받게 됨을 알려 드립니다.
* 잘못된 책은 구입하신 서점에서 교환해 드립니다.
* 정가는 표지에 표시되어 있습니다.

Wantan
© Tatsuya Nakata, Atsushi Mizumoto 2015
First published in Japan 2015 by Gakken Publishing Co., Ltd., Tokyo
Korean translation rights arranged with Gakken Plus Co., Ltd.

Dogs and Cats in the Book.

Shiba Inu

Akita

American Shorthair

Shiba Inu

Turkish Angora

Bulldog

Himalayan

Bichon Frise

Schnauzer

Beagle

Golden Retriever

Pomeranian